W0210107

Prostitution ist Sex. Nichts anderes. Außer, dass du für Sex bezahlt wirst und keine Liebe empfindest...

-Franzy F-

Vergessenes Kind

Anais C. Miller

Impressum:

Text: Anais C. Miller

Coverumschlag und Fotos @ Pixaby

Printed in Germany 2017, März

Books on Demand

Zur Autorin

Anais C. Miller, Self-Publisherin. Beliebtes Genre: Tatsachenberichte und wahre Begebenheiten. Aufgewachsen im Ruhrpott mit einer eigenen, sehr bewegenden Biografie, die u. a. Bestandteil ihres Romans „Brief an W“ ist. In ihrer Freizeit schreibt sie mit „Herzblut“ Bücher und widmet sich ihrer Leidenschaft, den Pferden.

Vorwort zum Buch

Wir trafen uns in einem Cafe. Wir kannten uns nicht. Waren uns nie zuvor begegnet und somit einander völlig fremd. Zwei Frauen, beinahe im selben Alter, mit der Liebe zu Pferden, aber mit zwei völlig unterschiedlichen Lebensgeschichten.

Sie, ich nenne sie „Franzy“, hatte meine Bücher gelesen. „Charisma“, „Classic Star“, „Brief an W“ und meine erotischen Geschichten, die ich unter einem anderen Autorennamen schreibe. Aus Langeweile, weil Franzy die Zeit „totschlagen“ muss, wie sie es nennt, lädt sie sich Geschichten, am liebsten Tatsachenberichte, auf ihren Kindle herunter und verbringt ihren Tag mit „Lesen“.

Es sei die Befriedigung ihrer Seele, wie sie es nennt. Franzy ist nicht berufstätig. Sie hat keine Kinder. Sie lebt in ihren dunklen Erinnerungen und trotzdem ist sie da, die Hoffnung. Hoffnung, dass vielleicht doch einmal alles besser werden wird in ihrem Leben. Seit Jahren möchte Franzy ihre eigene Geschichte erzählen, sie endlich loswerden, aber es fehlt das Geld für ein professionelles Ghostwriting. Nachdem Franzy mir ihre Biografie erzählt hatte, zwischen 10 Tassen Kaffee und unzähligen Zigarettenpausen, gab ich ihr ein Versprechen. Ich würde ihre Geschichte zu Papier bringen. Und wir würden uns wiedersehen, ein erneutes Treffen vereinbaren, weil es mit einem einmaligen nicht getan sein würde, eine derartige Biografie zu Papier zu bringen. Darin waren wir uns einig. Die Geschichte der Franzy F. hat mich zutiefst berührt. Gleichzeitig aber auch aufgewühlt und nachdenklich gestimmt. Ein Buch, das viele Fragen aufwirft. Ein Manuskript, das erschreckende Eindrücke hinterlässt, vielleicht auch an der einen oder anderen Stelle „Kopfschütteln" und „Fassungslosigkeit" hervorruft. Nach dem Treffen mit Franzy war ich

für einige Tage krank. Es hatte mich doch sehr mitgenommen und aufgewühlt. So viele Fragen hinterlassen...Die Namen aller Beteiligten sind geändert. Teil I der Serie. Erzählt nach wahren Begebenheiten.

Franzy F. über ihre Geschichte

Das Verhältnis zu meiner Mutter war nicht unbedingt schlecht. Meine Mutter hat uns Kinder nicht geschlagen oder gedemütigt. Sie hat uns auch nicht verwahrlosen lassen oder weggesehen, wenn sie hätte hinschauen müssen. Es war auch nicht so, dass sie sich nicht gekümmert hätte um die Belange ihrer Kinder. Bei uns wurde Weihnachten gefeiert und es gab genauso Kindergeburtstage (wenn die Kinder zu uns kommen durften von Seiten derer Eltern). Wir Kinder mussten uns abends die Zähne putzen und zeitig zu Bett gehen. Es gab feste Rituale bei uns daheim. Dennoch mangelte es einem großen Teil Respekt und Achtung in unserer Familie zwischen den Mitgliedern. Das brachte der Beruf unserer Mutter zwangsläufig mit sich. In den Ausführungen meiner Geschichte in Teil I geht es einzig und allein vorrangig um die Prostitution meiner

Mutter, die sie eiskalt vor uns Kindern ausgelebt und welchen Schaden sie damit in uns angerichtet hat. Es geht weniger darum, dass meine Mutter uns Kindern eine schlechte Mutter war, denn das würde so nicht unbedingt stimmen. Sie war anders. Sie war krank. Nervlich. Psychisch war sie im Herzen eine gebrochene Frau. Krank durch ihren Beruf. Seelisch ein Wrack. Fertig mit sich und der Welt. Sie war tot, innerlich. Genauso, wie ich es heute bin... In meiner Geschichte geht es um Hilflosigkeit, Verzweiflung und Überforderung. Von Seiten meiner Mutter und uns Kindern.

Franzy F.

Kapitel I

Meine Familie

Meine Mutter war eine Hure. Wer den Begriff nicht mag, der nenne sie im weiteren Verlauf „Prostituierte“, eine“ Nutte“, oder eine „Anschaffende“. Sie verkaufte ihren Körper für Geld. Seit ich ein kleines Kind war und mich erinnern konnte, verdiente meine Mutter mit der Prostitution „Kohle“, um unsere Familie zu ernähren. Niemals vergesse ich den Anblick, als meine kleine Schwester frisch geboren war und meine Mutter einen ihrer Freier empfing, während sie die Kleine stillte. Ihre Brüste lagen frei, meine Mutter saß auf ihrem Lieblingssessel in unserer guten Stube und hielt meine Schwester „Jolene“ in ihrem Arm. Jolene nuckelte gierig an ihrer linken Brust, während der Freier an ihrer rechten Brust die Milch saugte. Seine große Hand bewegte sich gleichzeitig unter dem Rock meiner Mutter und machte dort wilde, kreisende Bewegungen. Meiner Mutter schien das zu gefallen, sie stöhnte angeregt. „Franzy, du kannst dir das ruhig angucken!“, sagte sie damals zu mir, als sie merkte, dass ich beschämt wegsah, während sie meine Schwester und den widerlichen Kerl gleichzeitig an ihren Brüsten stillte und somit beide befriedigte. Ihre Brüste waren riesig. Groß wie Euter. Bevor meine Schwester geboren wurde, waren die Brüste meiner Mutter viel kleiner und schöner gewesen. Meine Mutter schien viel Milch zu haben. Für einen Moment überlegte ich, ob sie das immer so gehalten hatte, die Freier an ihre Milchbar einzuladen, nachdem sie uns Kinder auf die Welt gebracht hatte. Wir waren damals zu dritt. Es gab noch

meinen älteren Bruder Kevin und eben unser Nesthäkchen „Jolene". „Wenn du nicht zugucken willst, dann geh doch mal nachsehen, was im TV läuft, du kleiner Bastard!" Der Freier meiner Mutter blickte mich grimmig an. Er kniete neben ihrem Sessel und ließ von der Brust ab. Er wischte sich mit dem Handrücken über seinen Mund. Widerlich. Er sah mich an. Sein Gesicht war finster. Meine Mutter nahm ihre hängende Brust in die Hand und sagte besänftigend: „Komm Horst, nimm noch einen kräftigen Schluck, noch ist genug da!" Sofort verließ ich den Raum. Damals, in dieser Situation war ich 13 Jahre alt. Obwohl ich noch ein Kind war, verstand ich genau, was Sexualität bedeutete. In der Schule hatten wir das Thema bereits durchgenommen. Was allerdings Perversität und Pornografie, sowie Prostitution angingen, das lernte ich von zuhause aus. Von unserer eigenen Mutter. In sehr jungen Jahren bekam ich die Anomalitäten der Sexualkunde beigebracht. In der Schule nannten mich die anderen Kinder oftmals: „Hurentochter", „dreckiges Miststück", „Schlampe" und „kleine Nutte". Unser Ort war recht winzig und überschaubar, hinsichtlich der Einwohnerdichte, jeder kannte jeden, so würde ich es heute nennen. Natürlich war im Ort bekannt, dass meine Mutter ihren Körper für Geld verkaufte. Meine Mutter verübte ihren „Job" vorwiegend von zuhause aus. Manchmal ging sie zu einem Bordell und arbeitete dort mehrere Stunden am Tag oder auch die Nacht hindurch. Mein Bruder spielte dann für mich den Babysitter, während unsere Mutter außer Haus war. Mein Bruder Kevin war 3 Jahre älter als ich. Als unsere kleinste Schwester geboren wurde, war meine Mutter bereits über 40 Jahre alt. Weder Kevin noch ich kannten unsere

Väter. Der Vater von Jolene war uns ebenfalls unbekannt. Heute, 20 Jahre später weiß ich, dass wir Kinder alle Produkte der Liebschaften unserer Mutter waren. Wobei sie wahrscheinlich selbst nicht einmal genau wusste, wer unsere Väter im Einzelnen waren. In ihrer Buchführung des Geschlechtsverkehrs ohne Verhütung, hatte unsere Mutter sicherlich den Überblick verloren. Manchmal trieb sie es mit 5 verschiedenen Männern am Tag. Gelegentlich auch mit mehreren gleichzeitig. Die Freier reichten sich bei uns die Türklinke in die Hände. Nach und nach möchte ich von den Abgründen unserer Familie erzählen. Erzählen aus meinen Erinnerungen deren Situationen, die mir im Kopf hängengeblieben waren (sind), weil sie grausam, abartig und zuwider schienen. Wie ich als Kind die Prostitution meiner Mutter empfand, möchte ich erzählen. Was ich sah, was ich erlebte, was ich in meiner zarten Seele fühlte und warum meine Mutter uns Kinder damals nicht schützen wollte oder konnte. Viele Jahre brauchte ich, um das ganze Ausmaß unserer Familienkatastrophe zu verstehen und begreifen zu können. War es ein Drama? Eine Tragödie? Für unsere Mutter sicherlich nicht. Meine Mutter war eine Hure durch und durch! Sie war eine Professionelle und sie war geldsüchtig. Für Geld tat sie alles. Sie befriedigte die perversesten Phantasien ihrer Freier. Dazu erzähle ich im weiteren Verlauf meiner Geschichte mehr. Zu uns daheim kamen Männer, die sich von meiner Mutter auspeitschen ließen. An einen von ihnen erinnere ich mich genau, weil er für uns Kinder regelmäßig Lutscher mitbrachte, wenn er kam. „Na Franzy, warst du denn auch schön artig?“, fragte er oftmals, wenn er sich zu mir beugte um mir die Süßigkeiten zu geben. Er war

recht groß und seine Hände glichen Baggerschaufeln. Er hatte schmierige Haare und trug meistens dreckige Kleidung. Den Anblick seiner großen gelben Pferdezähne, wenn er mich anlachte, hatte ich niemals vergessen. Eigentlich war der Mann ein freundlicher Mensch. Meine Mutter nannte ihn „Jupp“. „Jupp, du sollst doch den Kids nicht immer den Zuckerkram mitbringen, das ist nicht gut für ihre Zähne!“ Es gab Zeiten, da nahm meine Mutter uns die Lutscher ab und verlangte von „Jupp“, dass er uns stattdessen Geld in unsere Sparbüchsen stecken sollte. Meine Mutter versuchte oftmals, die gute Mutter zu mimen. Schauspielern konnte sie gut. Fürsorglich und bedacht wollte sie sein und uns Kindern eine gute Erziehung für das spätere Leben mitgeben. Ich glaube heute, das brauchte sie damals für ihr Ego. Sie wollte nicht wahrhaben, auf welchem Niveau sie sich eigentlich in ihrem Leben befand. Das macht sie heute für mich so unglaublich lächerlich als Mensch und ich erkenne, wie krank meine Mutter damals war und dass sie Hilfe gebraucht hätte, dringend! Zwischendurch fragte ich mich, ob Jupp vielleicht mein Vater war. Immerhin kam „Jupp“ seit mehreren Jahren zu unserer Mutter. „Zieh dich schon mal aus, ich bringe die Kinder ins Bett und komme gleich zu dir!“ Meine Mutter griff mich am Hemdsärmel und zerrte mich ins Badezimmer. „Zähneputzen, Schlafanzug anziehen und ab ins Bett!“ Meine Mutter gab mir einen kleinen Klaps auf den Hintern. Sie trug an dem Abend ihre Reizwäsche für besondere Anlässe. Ein Büstenhalter, der meiner Meinung nach viel zu klein war, aber vielleicht musste das so sein. Ihre Brüste waren eng aneinander geknallt und berührten sich in der Mitte. Ihre langen schwarzen Haare trug sie offen. Nylonstrümpfe mit

Halterklips, die an ihrem Höschen befestigt waren. Dazu Schuhe mit hohen Absätzen. Klack klack, machten diese auf dem Parkettboden im Flur. Für mich war der Anblick meiner Mutter nichts Besonderes. In Jeans, Sweatshirt und Birkenstocklatschen, so wie die Mutter meiner Freundin „Nele“ zuhause rumlief, kannte ich meine Mutter nicht. Es sei denn, sie fuhr zum Einkaufen, oder traf sich mit ihren Freundinnen, aber das kam selten vor. Mein Bruder war mittlerweile kaum noch zuhause. Während er früher den Aufpasser für mich spielen musste, auf Anweisung unserer Mutter, war er seitdem er 16 Jahre alt war, die Wochenenden ständig verschwunden. Meine Mutter sagte lapidar: „Ja gut, der Kevin ist jetzt in einem Alter, wo er auch eine Freundin haben muss!“ Unserer Mutter war es egal, ob ihr Sohn die Nächte woanders verbrachte. Heute denke ich, sie war damals froh, dass sie ein Blage von uns weniger am Hals hatte und wenn es nur über die Wochenenden war. Über Verhütung hatte sie Kevin hinreichend aufgeklärt. An dem Tag, als sie dies tat, war ich mit dabei, deshalb weiß ich es so genau. Auf den Küchentisch hatte sie eine Packung Kondome gelegt. „Kevin, du wirst dir welche einstecken, dann hast du für den Fall der Fälle immer was zur Hand, okay?“ Während sie um den Tisch scharwenzelte, hielt sie unsere kleine Schwester Jolene auf ihrem Arm und stillte sie. Die Bluse, die sie trug, hatte sie einfach hochgeschoben und Jolene nuckelte an ihrer Brust. Meine Mutter war multitaskingfähig. Wie sehr sie das tatsächlich war und welche Auswirkungen das für uns Kinder und unser weiteres Leben hatte, begriff ich einige Jahre später. „Mama, musst du immer nackt in der Küche herumlaufen?“, dabei steckte Kevin genervt die Packung

Kondome in seine Hosentasche. „Ich laufe nicht nackt herum, ich laufe „legere“ durch die Gegend mein Sohn!“ „Was bedeutet legere?“, fragte ich neugierig. „Dass ich alles im Griff habe, wenn Jolene Hunger hat! Damit sie gleich die Milch bekommt, ohne dass ich lange an meinem Büstenhalter herumhantieren muss!“ „Warum muss man mit 40 Jahren eigentlich noch ein Baby bekommen?“ Kevin schüttelte verständnislos den Kopf über seine eigene Mutter. „Nimm du mal schön die Gummis, sonst hast du demnächst selbst ein Blage an der Backe“, lachte meine Mutter ironisch und gab Kevin einen Klaps auf seinen Hinterkopf. „Ja warum hast du nicht verhütet, Mama? Dann hätten wir jetzt ein Problem weniger!“ Meine Mutter konnte auf die Worte Kevins, mit denen er im Grunde genommen Recht hatte, nichts antworten, so perplex war sie über die Einstellung ihres 16 jährigen Sohnes. Kevin knallte die Wohnungstür hinter sich zu. „Dein Bruder riskiert eine ganz schön große Lippe, dass du mir mal bloß nicht so wirst, Franzy! So, ich bekomme gleich Besuch, du wirst jetzt mal mit deiner Schwester an die frische Luft gehen!“ Mir war klar, Widerstand war zwecklos. Meiner Mutter zu sagen, dass ich mich lieber mit meinen Freundinnen getroffen hätte, als meine kleine Schwester im Kinderwagen durch den Park zu chauffieren, wäre zwecklos gewesen. Der nächste „Freier“ stand an und da brauchte meine Mutter gewöhnlich Ruhe. Ruhe vor dem Baby, Ruhe vor uns Kindern. Notgedrungen zog ich Jolene ihre warmen Anziehsachen über. Windeln wechseln und die Kleine anziehen, das hatte ich perfekt drauf. Meine Mutter hatte es mir frühzeitig gezeigt und beigebracht. Eine Mütze mit Teddy-Emblem setzte ich ihr auf das kleine Köpfchen. Meine

Schwester sollte nicht frieren. Sie war ein wunderhübsches Baby. Hellblaue Augen, schwarze Haare. Meine kleine Schwester hatte ich sehr lieb, auch wenn sie mich manchmal nervte, weil sie stundenlang weinte und schrie. Als ich Jolene in ihren Kinderwagen bettete, klingelte es an der Haustür. Meine Mutter öffnete und im Türrahmen stand der „Gorilla", wie ich ihn nannte. Der Riesentyp mit den Armen, so kräftig, wie ein Bär. Seine Hände glichen den Pranken eines Gorillas. Deshalb hieß er für mich auch nur „Der Gorilla". Er hatte mir einmal die Hand geschüttelt, da war ich vor Schmerzen in die Knie gegangen. „Sophie, ich habe dich so vermisst!" Der Gorilla griff meiner Mutter um ihre Taille und drückte sie an die Wand in unserem Flur. Küsse auf den Mund gab es keine. Das hatte ich bei meiner Mutter selten erlebt, dass sie einen der Männer auf den Mund geküsst hätte. Natürlich fragte ich mich oftmals, warum das so war. Bis dato hatte ich keine Antwort gefunden, die mich zufriedengestellt hätte und ich traute mich nicht, meine Mutter konkret danach zu befragen. Der Gorilla versperrte den Durchgang zur Wohnungstür, während er ausgiebig meine Mutter begrüßte. Deshalb musste ich mit Jolene im Kinderwagen warten, bis er mir endlich Platz machen würde. Obwohl er genau wusste, dass ich hindurch wollte, ließ er sich absichtlich Zeit dabei, mir auszuweichen. Gierig schob er das Hemd meiner Mutter nach oben und griff ihr an die prallen Brüste. „Hast du schon abgestillt heute?" Meine Mutter nickte und der Gorilla ging mit seinem Mund an ihre Brustwarzen. „Du weißt dass ich das nicht mag, wenn da Milch rauskommt!" Das Geräusch des Schmatzens seiner Lippen empfand ich in meinen Ohren als abartig. Wie besessen, küsste er die Brüste meiner Mutter.

Dabei stöhnte er laut. Meine Mutter griff ihm an die Hose zwischen seine Beine. Der Gorilla brummte wie ein Bär. „Ich bin verrückt nach dir, Sophie!" Seine Hände kneteten den Busen meiner Mutter höchst heftig. Ihr schien das zu schmerzen, sie zuckte zusammen. „Nicht vor dem Kind", sagte sie. „Franzy, komm, ab mit dir! Und vor zwei Stunden kommst du mir nicht wieder nach Hause, so lange brauche ich hier, hörst du!" Meine Mutter schob den Gorilla beiseite und winkte mich zwischen sich und dem widerlichen Kerl hindurch. Zögerlich blickte ich den Gorilla an. „Ja los, hopp! Mach schon, was deine Mutter dir gesagt hat, du kleines Rotzblage!" „Ich bin kein Rotzblage!", entgegnete ich. Das war das erste Mal, dass ich einem Freier meiner Mutter Widerworte gab. Unsere Mutter hatte uns eingebläut, dass wir niemals einem Freier widersprechen durften. Man wisse nie, wie die reagieren, hatte sie gesagt. „Moment! Der Gorilla hielt mich am Arm fest, als ich zur Tür wollte. Wie sprichst du denn mit mir?" Wortlos blickte ich zu Boden. Seine Hand griff an den Reisverschluss meiner Jacke und zog ihn hinunter. Seine riesigen Hände griffen an meine Brust. „Da ist ja noch gar nichts zu fühlen", sagte er dreckig. „Du hast noch gar keine Brüste, aber eine große Fresse! Wärst du meine Tochter, dir würde ich mal ordentlich die Leviten lesen und ein paar hinter die Löffel geben!" Als ich nach zwei Stunden von meinem Ausflug mit meiner kleinen Schwester heim kam, war der Gorilla Gott sei Dank weg und meine Mutter lag auf der Couch und guckte TV. Nachdem ich Jolene ausgezogen hatte, legte ich sie meiner Mutter an ihre Brust. Die Kleine musste alle zwei Stunden ihre Milch bekommen. „Komm setz dich zu uns!" Meine Mutter klopfte auf den Platz neben sich

auf der Couch. „Dich habe ich auch gestillt Franzy! Das ist doch etwas ganz Normales auf der Welt, dass Mütter ihre Babys am Busen stillen. Da kannst du ruhig zugucken. Muttermilch ist das Beste, was ein Baby bekommen kann. Wenn du mal eigene Kinder hast, gib ihnen bloß nicht die Flasche, deinen Bruder habe ich noch gestillt, da war er schon drei Jahre alt!" „Du magst das, wenn an deinen Brüsten gesaugt wird, nicht wahr?", fragte ich meine Mutter. „Ja", die Milch muss raus, sonst ist der Druck zu groß und es schmerzt!" „Aber die Männer, warum lässt du die Männer an deinen Brüsten nuckeln, Mama?" „Nun ja, ich mag das und sie mögen das. Außerdem, sie bezahlen dafür, dass sie das tun dürfen und deshalb lasse ich das zu, verstehst du? Wenn du in die Eisdiele gehst und eine Kugel Vanille haben möchtest, dann bekommst du die auch und wirst nicht gefragt, warum du jetzt unbedingt Vanille haben möchtest! Du bezahlst und bekommst ein Vanilleeis! Damit ich euch ein Eis kaufen kann, brauche ich Geld. Geld bekomme ich mit meiner Arbeit, in dem ich meinen Körper verkaufe und die Wünsche der Männer erfülle. So einfach ist das!" „Ich möchte das niemals machen, was du machst, Mama! Ich will nicht, dass große, alte Männer an meinen Brüsten saugen und an ihnen herum nuckeln und Milch trinken!" Meine Mutter strich mir über den Kopf. „Wenn du groß bist, möchtest du das auch Franzilein! Ganz bestimmt. Dadurch wirst du stimuliert und dein Körper kommt in Wallung, das ist ein gutes Gefühl! Es befreit!" Jolene war auf dem Bauch meiner Mutter eingeschlafen. Für einen Moment überlegte ich, meine Mutter zu fragen, ob ich auch einmal an ihren Brüsten saugen durfte. Ich wollte wissen, wie Muttermilch schmeckt. Ich

konnte mich nicht mehr erinnern, es war zu viele Jahre her. Ich betrachtete ihre Milchdrüsen. Die linke, an der Jolene zuvor angelegt war, schien bereits erschlafft. Sie sah leer aus, aber die rechte war prall und aus ihrer Brustwarze trat ein Milchtropfen hervor. „Darf ich es mal probieren?“, sprach ich es schließlich aus. Meine Mutter lachte. „Na klar, bedien dich, du bist doch auch noch mein kleines Baby, Franzy!“ Als ich die Brustwarze mit meiner Zunge leicht berührte, wurde diese hart und richtete sich auf. Mit meinem Mund umklammerte ich den festen Nippel und zog vorsichtig ein wenig daran. Es kam keine Milch. „Du musst es schon fester probieren“, lachte meine Mutter. Sie griff mit ihrer Hand unter die Brust und hob sie gegen meinen Mund. Du drückst sie mit deinem Mund ein wenig runter und saugst dann kräftig, dann kommt sie, die Milch!“ Nach einigen wenigen Versuchen kam die Milch tatsächlich. Ich staunte. Sie schmeckte süßlich und warm. Ein wohliges Gefühl durchlief meinen Körper. Nein, ich hatte keinen Ekel. Ein Gefühl von Geborgenheit und Nähe zu meiner Mutter trug ich plötzlich in mir. Während ich an der Brust meiner Mutter nuckelte und sie mir sanft durch die Haare strich, spürte ich zärtliche Mutterliebe. Meine Mutter nahm mich selten in den Arm oder streichelte mir liebevoll durch meine lockigen Haare. Nähe und Wärme konnte sie mir nur schlecht geben. Dafür hatte sie meistens auch gar keine Zeit. „Ich habe dich lieb Franzy“, sagte meine Mutter, während ich an ihrer Brust trank. Von dem Tag an stillte mich meine Mutter für einige Wochen lang regelmäßig. Manchmal rief sie mich bereits früh morgens zu sich ins Bett, noch bevor ich zur Schule musste und wir kuschelten eine Runde zusammen. Sie hatte viel Milch und anscheinend war sie

wollte, sagte sie: „Ab heute nicht mehr Franzy! Ab sofort bist du ein großes Mädchen, ok?“ Erstaunt und fragend sah ich meine Mutter an. Mir hatte das sehr gefallen, ihre Nähe zu spüren, die Milch zu trinken und an den Brüsten zu spielen. Jahrelang hatte ich die Zuneigung meiner Mutter vermisst und durch das Stillen wiedererlangen dürfen. Auch wenn das ein völlig falsches Gefühl von Nähe war, so war es bis dahin der einzige Weg für mich, sie zu erfahren. Das neugewonnene Gefühl wollte ich nicht aufgeben. Den wahren Grund, warum mich meine Mutter abgestillt hatte und nicht mehr ranlassen wollte, erfuhr ich schnell. Einer ihrer Freier befriedigte sich an ihren Brüsten und er kam seit ein paar Tagen regelmäßig zu uns. Sie brauchte die Milch also für ihn. Heimlich beobachtete ich die beiden durch den Spalt der Schlafzimmertür. Der Mann lag seitlich neben meiner Mutter im Bett. Er war nackt und nuckelte an ihren Brüsten. Genussvoll tat er das. Mich machte der Anblick wütend. Meine Mutter war lieb zu dem Mann. Streichelte ihm durch die Haare, während er an ihren Brüsten lag. All ihre Zärtlichkeit gab sie nun diesem schrecklichen Kerl. „Es wäre ein Jammer, wenn du keine Milch mehr für mich hättest, Sophie, stöhnte er. Deine Milch ist die Beste. Ich liebe sie.“ „Komm mein Kleiner, nimm dir alles von Mami!“, sagte meine Mutter und drückte den Kopf des Mannes fester gegen ihren Oberkörper. „Ja, trink sie leer, du hast doch solch einen großen Durst! Und dann vögel mich endlich du Wixer! Gib es Mami richtig hart, komm schon, los sei ein böser Junge!“ Der Mann wuchtete sich auf den Körper meiner Mutter und bewegte sich in einem heftigen Rhythmus auf ihr hin und her. Meine Mutter jauchzte unter ihm. Beide schrien irgendwann laut. Die Schreie kannte ich. „Orgasmus!“,

hatte Kevin mich aufgeklärt. Kevin hatte mir auch beschrieben, was ein Orgasmus war, denn das wusste ich ja gar nicht. Auch wenn ich es nicht wirklich verstanden hatte, war mir klar, dass es ein gutes Gefühl bedeutete und ein sehr wichtiges im Leben eines Menschen obendrein zu sein schien. Die Wörter „Wixer", und „Hurensohn" waren mir seit langem geläufig. Sie fielen täglich in unseren vier Wänden. Genauso wie „Schlampe", und „Miststück", oder auch andere Ausdrücke.

Kapitel II

Der Mann vom Jugendamt

Natürlich schickten unsere Nachbarn und sonstige Leute, denen das Gewerbe unserer Mutter bekannt war, uns das

Jugendamt auf den Hals. Wöchentlich bekamen wir Besuch. Meistens besuchte uns ein Mann. Er war sehr freundlich zu uns Kindern und ebenso zu unserer Mutter. „Sophie, du weißt, ich muss Hinweisen nachgehen und gucken, ob bei dir alles mit rechten Dingen zugeht!" Der Mann vom Jugendamt saß im Wohnzimmer bei uns und trank Kaffee. Meine Mutter hatte das gute Geschirr genommen. Das tat sie immer, wenn wichtiger Besuch kam. Das gute Kaffeeservice, das sie von ihrer Mutter, meiner Oma, geerbt hatte. Ich mochte die handgemalten Blumen auf den Tellerrändern so gern. Der Mann vom Amt plauderte mit meiner Mutter, als sei er ein langjähriger Bekannter von ihr. „Ja Karl, natürlich! Gibt es denn etwas zu beanstanden? Meine Mutter griff Karl zwischen seine Beine. Ich beobachtete beide heimlich. Vom Treppengeländer aus. Das war meine Aussichtsplattform. Immer wenn ich glaubte, etwas Spannendes ausspionieren zu müssen, verzog ich mich auf eben diese meine „Spionierposition". Niemand der beiden bemerkte mich. Karl nahm die Hand meiner Mutter beiseite. „Sophie, wenn uns von den Kindern jemand sieht!", flüsterte er. Er sprach sehr leise. Ich konnte ihn kaum verstehen. „Meine Kinder sind wohlerzogen Karl, die spannen und stalken nicht!" Meine Mutter nahm mich in Schutz. Ob sie wirklich keine Ahnung hatte? Ahnung davon, wie oft ich sie bei ihrem „Treiben" heimlich beobachtete? Karl nickte anerkennend. „Ja, deine Kinder sind in Ordnung und bisher auch noch nicht negativ aufgefallen. Sie gehen regelmäßig zur Schule, sie klauen nicht, dein Sohn hat sich noch nicht handgreiflich auseinandergesetzt, sie sind gepflegt angezogen, dein Haus ist sauber, sag mal, wie machst du das eigentlich alles?

Wo du doch kaum Zeit hast! Wann hast du denn mal Zeit für mich, meine Frau fährt bald in Urlaub, dann...!", unterbrach er das Geschwafel seiner eigenen Worte. Ob er das wirklich glaubte, was er von sich gab? Dass bei uns alles in Ordnung war? Sein Ton wurde immer leiser, so dass ich nicht mehr alles verstehen konnte, was er unserer Mutter zuflüsterte. Diese legte wiederum zum zweiten Male ihre Hand an seinen Oberschenkel und dieses Mal schob Karl sie nicht beiseite. Sie küssten sich. Dies war das erste Mal, dass ich sah, dass meine Mutter einen Mann auf den Mund küsste. Während sie sich küssten, knöpfte meine Mutter ihre Bluse ein wenig auf und nahm Karls Hand. Sie steckte sie in ihren Ausschnitt und Karl wurde ganz nervös. Unruhig zappelte er auf der Couch hin und her. „Das spricht gegen die Dienstvorschriften!", winselte er mit zittriger Stimme. Karl war ein Weichei. Das merkte ich mit meinen 13 Jahren genau. Er war meiner Mutter erlegen und saß vor ihr wie ein kleines Hündchen, das freudig mit dem Schwanz wedelte. Meine Mutter meinte: „Ich liebe Dienstvorschriften!" Meine Mutter richtete sich auf und setzte sich auf Karls Schoß. Ich sah noch, wie Karl meiner Mutter die Bluse auszog. Gierig war sein Blick. Er seufzte. Mit durchgebogenen Rücken richtete meine Mutter sich auf und streckte ihm ihre blanken, prachtvollen „Früchte" entgegen, wie Karl den Busen bezeichnete. Er legte beide Hände an die großen Brüste und küsste ihre Knospen. Das tat er im Wechsel von einer Brust zur anderen und meine Mutter führte sie ihm abwechselnd an seinen Mund. Schließlich legte er seinen Kopf zwischen ihre Brüste und mit seinen Händen umarmte er ihren Körper. Er seufzte tief und es schien, als fühle er sich in der Position äußerst wohl. „Sophie, was

machst du mit mir?“, stöhnte er lustvoll. Ich verließ meinen Aussichtsturm. Genug gesehen hatte ich. Der Typ vom Jugendamt würde uns zunächst offensichtlich keinen Ärger mehr machen. Zu verrückt war er. Verrückt nach unserer Mutter und ihrem Körper. Man brauchte nicht viel verstehen, um zu kapieren, dass Karl es vorzog, in seine Akte zu kritzeln, dass bei uns zuhause alles in Ordnung war, damit er auf den Sex mit unserer Mutter nicht verzichten musste. Jedoch gab es auch kritische Situationen. Ab und zu wechselten sich die Leute vom Jugendamt mit ihren Besuchen bei uns nämlich ab. Das waren wahrscheinlich die Dienstvorschriften, die besagten, dass die Mitarbeiter im Wechsel zu uns kommen sollten, um uns zu überprüfen. Damit stattete uns eine Dame den nächsten Besuch ab. Diese war weniger freundlich. Die Dame vom Jugendamt kam eines Tages unangemeldet zu uns. Das passierte öfter mal, dass die Leute vom Amt ohne Voranmeldung kamen. Natürlich passierte es auch, dass meine Mutter halbnackt in der Tür stand oder gerade einen Freier in der Wohnung „versorgte“. Wenn Karl, der Typ vom Jugendamt vorbeikam und meine Mutter halbnackt war, schien das kein Problem darzustellen. Karl hatte offenbar eine Vorliebe für unsere Mutter, mit denen er alle Gesetze außer Kraft hebeln konnte. Sie halbnackt zu sehen, bereitete ihm Freude, das kapierte ich schnell. Dass er sich sogar heimlich mit unserer Mutter traf und seine Frau davon nichts wissen durfte, davon wussten wir Kinder natürlich nichts. Wenn Karls Frau auf Seminare oder alleine in den Urlaub fuhr, traf er sich währenddessen mit unserer Mutter. Mit ihr konnte er Sexvorlieben ausleben und praktizieren, die ihm seine Frau daheim verwehrte. Das hatte ich viele Jahre später

herausgefunden durch gezielte Recherche. Um mein Trauma verarbeiten zu können, musste ich Jahre später oftmals eine Reise in die Vergangenheit unternehmen und dazu gehörte es, einige Ex-Freier meiner Mutter aufzusuchen. Von ihnen brauchte ich Antworten auf meine vielen Fragen. Die Liebelei zwischen unserer Mutter und Karl blieb anderen Menschen irgendwann jedoch nicht mehr verborgen. Selbst der beste Heimlichtuer flog einmal auf. Dies dauerte aber noch ein Weilchen. Der Tag X rückte jedoch unaufhaltsam mit jeder Stunde näher. Vorerst aber wog sich Karl in Sicherheit und vergnügte sich heimlich mit meiner Mutter. Jedenfalls, eines Tages kam Karls besagte Kollegin vorbei, um die „Zustände" bei uns zuhause zu kontrollieren. Als es klingelte, hatte unsere Mutter gerade einen Kunden im Haus, der sich von ihr auspeitschen ließ. Wir Kinder wurden von ihr während solcher „Sitzungen" oftmals nicht fortgeschickt. Hemmungslos war unsere Mutter und ohne Gnade in der Auslebung ihrer Sexualität. Ihre überlegene Professionalität stellte sie gerne zur Schau. In der Öffentlichkeit und vor uns Kindern. Sie sagte mir später, dass Kinder, wenn man ihnen etwas verbieten würde, sie das Verbotene erst recht ausspionieren wollten. Aus dem Grund untersagte sie uns nichts und verwehrte uns auch nicht den Anblick ihrer Aktionen, mit denen sie ihr Geld verdiente. Heute weiß ich, dass es nur die halbe Wahrheit war. Es gab ihr einen zusätzlichen Kick, zu wissen, dass wir Kinder zusehen konnten, wenn wir es wollten bei dem, was sie trieb. Außerdem wollte sie bei einigen „sexuellen Akten" bewusst, dass wir zusahen. Das erregte sie scheinbar zusätzlich. Einige ihrer Freier bezahlten sogar mehr Geld dafür, dass Kevin

ihnen beim Geschlechtsverkehr zusah. Als Kevin jünger war, funktionierte das, aber als er 15/16 Jahre alt war, ließ er sich dafür nicht mehr begeistern. Einer der Freier war jedoch scheinbar ein ganz schlauer Hund. „Kevin, du guckst uns doch gerne zu, wenn ich deine Mutter vögele, oder?", fragte er. „Nein!" entgegnete Kevin. „Aber, wenn du mich dafür bezahlst, dass ich dir zugucke, während du meine Mutter fickst, dann gucke ich dir vielleicht dabei zu!" Heute bin ich entsetzt über die Antwort meines damals knapp 16 jährigen Bruders. Aber so war das bei uns zuhause. Es gab nur wenige Regeln und Respekt gab es in unserer Familie überhaupt nicht. Von Anstand brauchten wir gar nicht zu reden. Vor unserer Mutter hatte keines von uns Kindern Achtung. An dem Tag kassierte Kevin tatsächlich 50 Mark dafür, dass er zusah, wie der Kerl unsere Mutter wie ein wild gewordener Hengst quer durch die Betten ritt. Der Mann hatte Kevin angeboten, sich noch einmal 50 Mark zusätzlich einzustecken, wenn er sich einen runterholte und auf die Brüste seiner Mutter onanierte. Kevin probierte es. Die 100 Mark konnte er gut gebrauchen. Er sparte seit langem auf ein Mofa. Meiner Mutter machte das scheinbar nichts aus, dass ihr Sohn gleich vor ihren Augen einen Orgasmus ausleben würde. Sie stoppte den Hergang nicht. Hemmungslos blieb sie auf dem Bett liegen und gab sich den Dingen, die ihren Lauf nahmen, hin. Klar, sie tat es ebenfalls für Geld. Bestimmt bekam auch sie für diese Aktion zusätzlich Geld bezahlt. Dass dem so war, lernte ich später durch meine eigene Prostitution. Besondere Wünsche wurden „extra" honoriert. Kevin masturbierte. Sein Penis wurde gut steif. Durch das Stöhnen des fremden Mannes, den es erregte, zuzusehen,

wie sich ein „Kind“, oder sagen wir ein Teenager, selbst befriedigte, kam Kevin, wie es schien, gut auf Touren. Zuzusehen, wie sich ein Teenager vor seinen Augen befriedigte, war für den Freier irrsinnig stimulierend, dabei saß er hechelnd auf unserer Mutter. Sie lag auf dem Rücken, er saß oben. Er vögelte sich auf ihr zum Orgasmus. Kevin kniete mit runtergezogener Hose neben ihnen und rieb mit der Hand seinen Penis. Immer schneller wurde er. Kevin gab keinen Laut von sich. Unsere Mutter schrie im Orgasmus (die Orgasmen spielte sie den Freiern übrigens generell vor) und in dem Moment spritzte Kevin ab. Seine Samenflüssigkeit ergoss sich über die Brüste seiner eigenen Mutter. Der Mann, der auf ihr hockte, leckte Kevins Samen genussvoll von ihren Brüsten. Kevin zog sich wortlos die Hose an und nahm die 100 Mark, die auf dem Nachttischschrank für ihn bereitlagen und verschwand. Das Spektakel hatte ich aus meinem sicheren Versteck beobachtet. Nachdem Kevin das Haus verlassen hatte, verlangte der Typ, dass meine Mutter ihn zusätzlich auspeitschen sollte. Die Lederpeitsche hing seit jeher über ihrem Bett. Das Bett verfügte über genügend Vorrichtungen, um Handschellen und Seile in ihnen einzuhaken. Meine Mutter legte den Typen in Handschellen und klickte diese in die Vorrichtungen ein. Seine Arme waren weit auseinander gespreizt. Der Mann kniete auf dem Bett. Als die Peitsche gnadenlos über seinen Rücken glitt, zuckte ich innerlich zusammen. Die Schläge waren fest und in ihrer Wahrnehmung für mich als Kind damals brutal. Meine Mutter holte kräftig aus zu ihren Schlägen. Während sie zunächst langsam anfing, wurde sie immer schneller. Schlag auf Schlag, Knall auf Knall. Dass es dem Mann Befriedigung verschaffte

und er für den Genuss gern bezahlte, verstand ich nicht so recht. Dass der Gebrauch der Peitsche im SM-Bereich eine ganz andere Wirkung hatte, als aus den Filmen im Fernsehen, wenn ich mir einen Westernfilm ansah, woher sollte ich das wissen? In den Westernfilmen wusste ich genau, dass es den Cowboys wehtat und dass es ihnen bestimmt nicht gefiel. Manchmal glaubte ich, es war eine Strafe für ihre Freier, weil unsere Mutter vielleicht wütend war, wenn sie die Typen mit der Peitsche bearbeitete. Wütend, warum auch immer. Zwischenzeitlich hantierte sie wie ein erfahrener Samurai Kämpfer, der mit seinem Schwert ein Muster in die Haut eines Menschen ritzte. Die Peitsche hinterließ zumindest rote Striemen auf den Rücken der Männer. Während ich starr vor Schreck das Geschehen verfolgte, klingelte es an unserer Tür. Die Klingel hatte ich vernommen, während meine Mutter weiter ihren „Kunden“ bearbeitete. Wir Kinder hatten von ihr aufgetragen und eingebläut bekommen, dass wenn sie in „Action“ war, wir die Wohnungstür nicht öffnen durften. Ich traute mich kaum zu atmen. Hoffentlich würde die Person vor unserer Tür bald verschwinden. Aber zunächst klingelte sie erst einmal Sturm. So, als wüsste sie genau, dass wir zuhause waren. Keinen Mucks gab ich von mir. Nach ein paar Minuten Klingelsturm verstummte es vor unserer Tür. Erleichtert atmete ich auf. Durch den Türspion zu gucken, traute ich mich nicht. Unbedacht und unbedarft, ich war mit meinen 13 Jahren immerhin noch ein Kind, verließ ich wenig später unser Haus. Zum Spielplatz wollte ich gehen. Dorthin, wo meine Freunde des Nachmittags anzutreffen waren. Unbeschwert mit ihnen einmal spielen, schaukeln, raufen, davon träumte ich oft. Meine kleine Schwester Jolene war

friedlich eingeschlafen und eine halbe Stunde konnte ich mich bestimmt von zuhause wegtrauen. Als ich um die Ecke der Siedlungsblöcke bog, wurde ich recht unsanft von einer Frau ergriffen. Sie hatte mich an der Kapuze meiner Jacke festgehalten. Ihr Gesicht war mir fremd. „Du bist doch die Franziska Friedrich!“, sagte sie. Ich nickte ängstlich. Wurde ich jetzt entführt? Niemals mit Fremden mitgehen, hatte unsere Mutter mir mit auf den Weg gegeben. Bereits vor etlichen Jahren. Dafür war es jetzt offenbar zu spät. Die mir fremde Person hatte mich bereits fest am Jackenkragen. Ihr Griff war entschlossen. „Ich habe doch soeben bei Euch geklingelt! Warum hast Du mir die Tür nicht geöffnet? Du warst zuhause, Du bist doch gerade aus dem Haus gekommen!“ „Ich darf fremden Menschen die Tür nicht öffnen!“, stammelte ich wahrheitsgemäß. „Warst du denn alleine zuhause?“ „Nein, meine Mama ist da, aber die liegt im Bett, der geht's nicht gut, log ich. „Wo ist deine kleine Schwester?“ „Zuhause“, antwortete ich. „Dann gehen wir jetzt mal zu dir nach Hause und sehen nach, ob dort alles in Ordnung ist, Franziska!“ Es ist mein Job, ich bin vom Jugendamt. Die Frau schob mich unsanft vor sich her, zurück in Richtung unseres Hauses, aus dem ich ursprünglich gekommen war. Mein Schlüssel steckte in der Jackentasche, aber ich klingelte an unserer Haustür. Das hielt ich für sinnvoller in Anbetracht der Situation, dass meine Mutter mit einem Freier beschäftigt war, zu dem Zeitpunkt jedenfalls, als ich die Wohnung verlassen hatte. Inständig hoffte ich, dass die beiden bereits fertig waren. Nachdem ich geklingelt hatte, fing Jolene fürchterlich an zu schreien. Sie war wohl aufgewacht. „Ach halt doch mal die Klappe!“, fluchte meine Mutter hinter der Haustüre.

Eigentlich fluchte sie selten, aber an dem Tag schien sie ziemlich gereizt. Ich konnte nicht ahnen, dass ihr der Typ, den sie ausgepeitscht hatte, ohnmächtig geworden war. Fast nebenbei öffnete meine Mutter die Eingangstür. „Verdammte Scheiße, du sollst doch den Schlüssel mitnehmen, Franzy!“, keifte sie. Zum Auspeitschen der Männer zog sich meine Mutter generell ihre Ledersachen an. Ein Lederkorsett und dazu schwarze Lederstiefel. Das musste so sein, weil es die Männer anmachte, wenn ihre „Herrin“ es ihnen in Lack und Leder „so richtig“ besorgte. Die Frau vom Jugendamt guckte mich verdutzt an. „Krank sieht deine Mutter aber nicht aus!“ Meine Mutter hielt inne. „Wer ist das Franzy?“, fragte sie vorsichtig. Erst jetzt hatte sie die fremde Frau im Türrahmen unseres Hauses entdeckt. „Jemand vom Jugendamt“, stammelte ich. Dass die Situation keine gute war, in der wir nun steckten, konnte ich mir an 5 Fingern abzählen. „Geh in dein Zimmer Franzy und nimm deine Schwester mit!“ Ich kümmere mich gleich um Jolene, wenn ich mit der Dame hier fertig bin. An dem Tag spionierte ich dem Gespräch nicht hinterher, das meine Mutter mit der Frau vom Jugendamt in unserem Wohnzimmer führte. Mucksmäuschenstill harrte ich in meinem Zimmer aus und versuchte Jolene zu beruhigen, die immer noch brüllte, wie am Spieß. Bestimmt hatte sie Hunger. Wo war denn bloß ihr Schnuller? Jolene beruhigte sich überhaupt nicht mehr und ich hatte nicht die leiseste Ahnung, wie ich sie ruhigstellen sollte. Ich überlegte. Was tat meine Mutter, wenn sie das Baby beruhigen wollte? Sie stillte es. Das besänftigte Jolene immer. Meine Brüste waren noch recht klein. Aber die Hügel zeichneten sich bereits sichtbar unter meinen Pullover ab. Eine Handvoll Brust hatte ich.

„Hühnerbrüstchen", nannten meine Schulkameradinnen in der Klasse beim Umziehen vor dem Schwimmunterricht meinen Busen. Sie hänselten und verspotteten mich. Nur weil die Mädchen alle einen viel größeren Busen hatten als ich und stolz darauf waren. Ich fand meinen Busen in Ordnung. Einen Büstenhalter trug ich noch nicht. Aber ich hatte mir unlängst einen kaufen wollen. Endlich wollte ich doch auch eine junge Frau sein! Eine feine Dame! Meine Schulkameradinnen hatten mich in der Schule geärgert, dass meine Brüste dafür, dass ich ein Nuttenkind war, viel zu klein wären. Aus Angst, dass sie wirklich nicht mehr wachsen sollten, massierte ich sie mir jeden Tag mindestens einmal. Ich bildete mir ein, es würde helfen. Ich glaubte, sie wären nun groß genug, um mir endlich einen Büstenhalter zu kaufen. Bestimmt brauchte ich bereits eine Nummer größer als die kleinste Nummer, überlegte ich stolz. Spitz standen sie von meinem Körper, als ich mein Kreuz anspannte. Während das Baby schrie, zog ich mir den Pullover aus, nahm Jolene auf den Arm und setzte mich mit ihr zusammen aufs Bett. Oft genug hatte ich gesehen, wie meine Mutter das Baby an ihre Brust anlegte. Mein T-Shirt schob ich hoch über meinen blanken Busen. Dann probierte ich, Jolene an ihnen anzulegen. Jolene schrie immer noch, als sie aber merkte, dass sie in die Position gerückt wurde, in der sie sonst ihre Mahlzeiten bekam, wurde sie etwas ruhiger. Unruhig zappelte sie mit den Beinchen und machte ihren Mund auf und zu. Ich zitterte. Mein Atem ging schwer. Dabei fror ich gar nicht. Dass es Erregung in mir war, wusste ich nicht gleich. Das Gefühl war mir fremd. Sofort suchte das Baby an meinem Busen mit seinem Mund die dazugehörige Brustwarze. Ja, die Kleine hatte Hunger. Ich hoffte, dass sie sich beruhigen

darüber, einen kleinen von der Natur geschenkt bekommen zu haben, war ich nach meinem ersten Orgasmus todtraurig, dass er nur so klein war. Plötzlich ging die Tür zu meinem Zimmer auf. Ohne ein vorheriges Klopfen. Die Dame vom Jugendamt hatte meine Mutter gebeten, dass sie mit mir noch einige Worte wechseln durfte. Dass ich halbnackt auf dem Bett saß mit dem Baby an meinen Brüsten liegend, damit hatten sie sicherlich beide nicht gerechnet. Weder meine Mutter noch die Tante vom Jugendamt. Ich blieb ganz ruhig. Nachdem ich soeben meinen ersten Orgasmus erlebt hatte, fühlte ich mich plötzlich reif und erwachsen. „Sie hatte Hunger Mama“, sagte ich. Ich wollte sie beruhigen und es ist mir gelungen!“ Jolene ist jetzt ganz friedlich. Nein, es machte mir nichts aus, dass die fremde Frau sah, wie meine Brüste aussahen. Ich zog mein T-Shirt nicht runter, ich ließ meine Brüste unbedeckt, als meine Mutter Jolene von ihnen herunternahm. „Ich muss meine Tochter jetzt stillen, sie entschuldigen mich?“ Meine Mutter ging an der Frau vorbei und verließ mit dem Baby auf dem Arm mein Zimmer. „Das wird ein Nachspiel haben, Frau Friedrich!“, rief die Dame meiner Mutter hinterher, dabei rückte sie ihre Brille zurecht. Sie fragte mich nichts mehr an jenem Tag. Wortlos verschwand sie aus meinem Zimmer. Der Mann, den meine Mutter kurz vorher vermöbelt hatte, natürlich nur auf seinen ausdrücklichen Wunsch hin, kam Gott sei Dank wieder zu sich. Meine Mutter hatte ihn aus seinen Handschellen befreit und erschöpft lag er auf dem Bett. Sie setzte sich zu ihm, während sie das Baby stillte. Sie wollte ihn unter ihrer Beobachtung haben. Trotz dass der Typ ziemlich lädiert und fertig war, raffte er sich auf, um an den Brüsten meiner Mutter zu

fummeln. An der linken trank das Bay, an der rechten streichelte seine Hand über die Wölbung des Busens. „Die Kleine soll mir auch noch einen Schluck drin lassen, das bringt mich wieder auf den Damm“, sagte er lachend. Und so stillte meine Mutter, nachdem sie Jolenes Hunger befriedigt hatte, auch noch die Lust ihres Freiers, indem sie auch ihn an ihre Brüste ließ. Die Striemen am Rücken des Freiers, aus denen an manchen Stellen sogar Blut tropfte, schienen ihn dabei nicht zu stören. Mit einer regelrechten Hingabe und genussvoll labte er sich an ihnen und all sein Schmerz schien vergessen. „Wenn du die Kleine „groß“ hast, Sophie, dann musst du ganz schnell wieder schwanger werden, weil wo soll ich denn sonst so leckere Muttermilch trinken? Ich schwängere dich dann, in Ordnung? Das war so wunderbar mit dir, Sophie!“, sagte er, als er sich schließlich die Hose anzog und seinen Körper aus dem Bett meiner Mutter hievte. Er drückte meiner Mutter einen 500 Mark Schein in die Hand und bevor er unser Haus verließ, fummelte und leckte er noch ein paar Minuten lang an den Brüsten meiner Mutter herum. Die Sache mit dem Jugendamt zog ein Verfahren nach sich. Für unsere Mutter. Vernachlässigung und Verwahrlosung, nicht zumutbare Verhältnisse, in denen wir Kinder aufwuchsen, so lautete der Bericht, der eine Anhörung vor dem Jugendrichter unserer Mutter nach sich ziehen sollte. Meine Mutter wendete sich hilfesuchend an Karl. Dieser hatte natürlich gleich eine Idee, wie man die Sache verharmlosen und eventuell unter den Tisch fallen lassen könnte. Dazu musste er meine Mutter aber einmal so richtig durchvögeln. Die beiden trafen sich außerhalb der Stadt in einem Stundenhotel. Meine Mutter vögelte die bürokratische

Angelegenheit wieder gerade und dem lieben Karl beinahe seinen Verstand aus dem Kopf. „Ich bin süchtig nach dir Sophie, bitte, lass mir dein Höschen hier. Das möchte ich mit nach Hause nehmen, damit ich immer daran riechen kann, wie wundervoll du bist, wenn ich dich vermisse!“ Meine Mutter zog ihr Höschen wieder aus, das sie sich soeben angezogen hatte und warf es Karl, der wie versteinert auf dem Bett lag, zu. „Du regelst das mit dem Richter!“ Meine Mutter zeigte drohend mit ihrem Finger in Karls Richtung. Dieser nickte brav. „Für dich tue ich alles, du geile Hure du! Ich ficke dich, bis dir der Verstand zwischen deine Beine rutscht!“ Karl nahm einen kräftigen Schluck aus der Champagner Flasche, die auf Kosten des Hauses neben dem Bett stand. „Komm bald wieder meine kleine Hure!“, rief er meiner Mutter hinterher, als diese durch die Hotelzimmertür verschwand.

Kapitel III

Mein Geburtstag

Als ich 10 Jahre alt wurde, schenkte mir ein Freier meiner Mutter zu meinem Geburtstag ein Tagebuch. Eine buntangezogene Barbiepuppe zierte das Cover. Am meisten freute ich mich über das kleine Schloss mit dem Schlüssel und der Tatsache, dass das Buch zum Abschließen war. Niemand hätte in dem Buch lesen können, außer mir. Ein Geschenk ganz für mich alleine. „Na meine kleine Franzy, jetzt bist du schon 10 Jahre alt!“ Der Mann, ein guter Kunde von Mama,

war an meinem Geburtstag bei uns zuhause. Meine Mutter hatte sich hübsch zurechtgemacht. Sie trug an dem Tag eine Jeanshose und flache blaue Schuhe. Ich erinnere mich sehr genau, weil sie meistens Schuhe mit hohen Absätzen trug und die Farben waren immer rot oder schwarz. Der Mann, ich nenne ihn heute einfach mal „Paul“, weil mir sein richtiger Name nicht mehr einfällt, fuhr mit uns damals zum Einkaufen. Paul hatte ein Auto. Ein schönes und großes. Feuerrot war es. Meine Mutter besaß kein Auto. Wenn wir einkaufen wollten, mussten wir generell mit dem Bus in die Stadt fahren. In einem Supermarkt hatte meine Mutter für die Gäste, die ich an meinem Wiegentage erwartete, ein wenig Kuchen besorgen wollen. Kakao und eine Tüte Pommes, die sie uns Kindern zum Abendessen servieren wollte, sollten auch nicht fehlen. Paul sagte: „Zu einer Portion Pommes gehören aber auch noch eine Flasche Ketchup und Mayonnaise, oder Franzy?“ Begeistert nickte ich. Paul war ein lieber Mensch. Ich mochte ihn und wünschte mir oft, er wäre mein Vater. Paul griff aus dem Supermarktregal eine Flasche Ketchup, sowie Mayo und stellte beide in den Einkaufswagen. Während meine Mutter sich nach den Sonderangeboten umsah, die meistens ganz unten in den Regalen zu finden waren und sie sich deshalb bücken musste, um hinzugelangen, klatschte Paul ihr spielerisch auf den Hintern. Mir zwinkerte er dabei ein Auge zu und legte seinen Zeigefinger auf den Mund, bevor er mit der Hand ausholte. Das fand ich als Kind klasse und sehr witzig. Mir gefiel seine lockere, coole Art. Er war nicht so „schweinisch“, wie ich es nannte, wie die anderen Männer, die meiner Mutter permanent in den Ausschnitt glotzten, ihren Rock hochschoben, an ihren Hintern griffen und

versuchten, sie bei jeder Gelegenheit zu küssen. Wobei meine Mutter das Küssen auf den Mund sowieso nicht mochte und es auch nicht duldete. Dann und wann kam es vor, dass wir mit ihren „Kunden“ einkaufen gingen. Das lag daran, dass meine Mutter eben keinen Führerschein besaß und wenn wir Großeinkauf machen mussten, spannte sie generell einen ihrer Freier ein, mit uns durch die Gegend zu fahren. Für eine entsprechende Gegenleistung waren diese immer gern dazu bereit. Sofern sie nicht verheiratet waren oder in einer festen Beziehung steckten, taten sie für meine Mutter alles. Aus moralischer Sicht war es für einige scheinbar überhaupt nicht schlimm, dass sie mit meiner Mutter zusammen gesehen wurden. Manche von ihnen mochten es sogar sehr gern, sich mit unserer Mutter in der Öffentlichkeit zu zeigen. Besonders dann, wenn sie wussten, dass die Leute auf offener Straße unsere Mutter als die „Nutte“ erkannten. Es gab tatsächlich Männer, denen es nicht unangenehm war, mit unserer Mutter durch die Stadt zu flanieren. Berauscht durch diese Erfahrung, durchlebten sie im Gedanken des Nachts die Eindrücke nochmals und holten sich dabei einen runter. Es war der spezielle Kick für sie, tagsüber mit einer Nutte durch die Straße zu spazieren und dabei den Packesel zu spielen, aber das konnte ich damals nicht wissen. Alles Dinge, die ich viele Jahre später erfuhr, als erwachsene Frau. „Paul“ ging wie gesagt, sehr gerne mit uns zum Shoppen. Er war für mich so etwas wie ein Vaterersatz geworden. Wenn wir mit Paul unterwegs waren, fühlte ich mich wie in einer echten Familie. Sogar in die Bekleidungsläden ging er mit hinein und beriet mich bei der Wahl meiner Hosen. „Eine enge Röhrenjeans ist doch was Feines Franzy, was? Probier die mal an!“ Er reichte

mir mehrere Hosen durch die Gardine in meine Umkleidekabine. Immer waren sie hauteng, die Hosen. Mir gefielen sie. Meine Mutter äußerte sich sowieso nicht gegen meine Kleidung, die ich trug. Er schien ihr regelrecht egal zu sein. Gut, schlimmer als sie sich anzog, konnte auch niemand rumlaufen. Aufgedonnert, freizügig, anregend. Aber ich war ein Kind. Gerade mal 10 Jahre alt. Zumindest bekam ich an meinem Geburtstag eine neue Hose geschenkt und einen schönen Pullover verpasst. Ein großer Pferdekopf war mittig darauf platziert. Pferde liebte ich sehr. „Vielleicht schenkt dir der Onkel Paul mal eine Reitstunde Franzy, was?", lachte meine Mutter. „Oh jaaaaaa!", schwärmte ich begeistert. „Aber klar doch, eine Reitstunde bekommst du Franzy, versprochen!" Paul gab mir die Hand. Zum Zeichen „Gib mir Fünf" und vor Freude wie elektrisiert, schlug ich begeistert ein. An dem Tag fühlte ich mich wie in einer richtigen Familie und auch als meine Freundinnen nachmittags zu Besuch kamen, lief beinahe alles reibungslos bei uns zuhause ab. Ein Tag, wie ich ihn selten erlebt hatte in meinem Leben. Meine Mutter spielte mit uns „Topfschlagen" und „Flaschendrehen", während Paul wie ein Pferd durch das Haus galoppierte, abwechselnd mit einem von uns Kindern auf seinem Rücken. Es war ein Irrsinniger Spaß! Begeistert riefen wir: „Schneller, schneller", und juchten dabei. Wir lachten viel an meinem Geburtstag. „Du hast liebe Eltern, Franzy!", sagte meine Freundin Eva zu mir, als wir am Abend Pommes mit Ketchup aßen und ganz erschöpft vom vielen Spielen waren. Meine Freundin Eva war an meinem Geburtstag das erste Mal bei uns zuhause. In der Schule saßen wir beide nebeneinander und spielten in den Pausen oft zusammen auf dem Schulhof.

Eva war eine klasse Freundin. Ich mochte sie sehr. Leider durfte sie nach meinem Geburtstag nie wieder mit zu mir nach Hause auf Besuch kommen. Ihre Eltern hatten von dem „Beruf" meiner Mutter erfahren und ein sofortiges Kontaktverbot zwischen uns Kindern angeordnet. Natürlich galt dies auch in der Schule, plötzlich saß Eva an einer anderen Bank, neben einem anderen Mädchen. Wortlos ignorierte sie mich. Natürlich wollte ich wissen, was passiert war. „Du bist ein Nuttenkind!", warf sie mir an den Kopf. „Was ist ein Nuttenkind?", fragte ich erstaunt. Den Ausdruck hatte ich niemals zuvor gehört. War es eine Krankheit? „Meine Mami hat gesagt, du bist nicht gut und ich darf nicht mehr mit dir spielen!" Das war ein harter Schlag für mich. Mir war zum Heulen zumute. Unglücklich schlich ich mich zu meiner Lehrerin und schilderte ihr den Vorfall. Natürlich fragte ich auch meine Lehrerin, was denn Nuttenkind zu bedeuten hatte. „Wer hat das denn zu dir gesagt?", fragte diese und machte große Augen. „Die Eva!", schluchzte ich unter Tränen. Ich war traurig und verstand die Welt nicht mehr. Die Lehrerin erklärte mir an dem Tag nicht, was ein Nuttenkind war! Stattdessen streckte sie mir einen Zettel entgegen: „Gib diese Mitteilung hier mal deiner Mutter, sie soll zu einem Gespräch in die Schule kommen bitte!" In mein Tagebuch, das ich von Paul geschenkt bekommen hatte, schrieb ich hinein: „Ich bin ein Nuttenkind". Von dem Tag an war ich oft sehr bedrückt und niedergeschlagen. Dass der Ausdruck etwas mit meiner Mutter zu tun haben musste, erahnte ich. Warum sollte meine Mutter sonst zur Schule zu einem Gespräch kommen? „Mama, warum bin ich ein Nuttenkind?" Kevin und meine Mutter saßen beim

Abendbrot am Küchentisch, als ich die Frage stellte. Kevin damals 13 Jahre alt, wusste natürlich besser Bescheid um die Dinge, als ich. „Weil unsere Mutter eine Nutte ist!", sagte er lapidar. „Was ist eine Nutte?", fragte ich. „Kinder, solche Gesprächsthemen aber bitte nicht beim Essen, ja?" Unsere Mutter schien gereizt. Kevin ließ sich dadurch nicht beirren. Er war sowieso recht frech unserer Mutter gegenüber und nahm sich kein Blatt vor den Mund. Kevin war weder schüchtern noch zurückhaltend. Der Draufgänger schlechthin. In der Schule hatte er sich vor wenigen Tagen geprügelt. Der Junge, den er vermöbelt hatte, traute sich nicht, den Lehrern davon zu erzählen. Kevin hatte ihn heimlich in den angrenzenden Wald gelockt, abseits vom Schulhof und ihn dort verprügelt. Die Eltern des Jungen riefen nicht einmal bei unserer Mutter zuhause an um sich zu beschweren, wie es eigentlich jede Familie getan hätte. Die Eltern des Jungen hatten Angst. Angst, dass einer der Freier unserer Mutter oder aber ihr Zuhälter, bei ihnen vorbeigekommen wäre, und ihnen vielleicht eine aufs Maul gehauen hätte. Das Gerede der Leute war enorm und ja, man hatte Angst. Meine Mutter verkehrte in Kreisen, die nicht ohne waren. Dafür war sie bekannt. Sie hatte Kontakt zu einigen Mitgliedern der Hell Angels und war damals auch für einige von ihnen zum „Anschaffen" tätig. Besonders zu den Zeiten, bevor sie uns Kinder geboren hatte. Die Jungs von den Hell Angels verstanden keinen Spaß und machten kurzen Prozess mit Menschen, die ihnen und ihren Anhängern Ärger machten. „Der Gorilla", wie ich ihn nannte, war einer von ihnen. „Eine Nutte ist eine Frau, die ihren Körper fremden Männern für Geld verkauft!" Unsere Mama macht das und wir sind ihre

Kinder. Also sind wir Nuttenkinder!“, verstehst du das Franzy? Kevin sah mich an. „Hast du es begriffen, du Dreikäsehoch?“ „Ja!“, sagte ich. Kevin bewarf mich mit den Nudeln von seinem Teller. „Nuttenkind! Nuttenkind!“, rief er. „Kevin, jetzt benimm dich mal!“ Unsere Mutter gab Kevin einen Rüssel, einen kleinen Klaps auf die Wange. „Du musst in die Schule Mama!“ Mir fiel der Brief meiner Lehrerin ein. „Auch das noch! Was hast du nun wieder angestellt, Franzy?“, jammerte meine Mutter. „Nichts, aber Eva darf nicht mehr mit mir spielen und sie sitzt in der Klasse nicht mehr neben mir, weil ich ein Nuttenkind bin!“ „Aha, ihr Vater ist doch der Bänker der Sparkasse“, überlegte meine Mutter. Achso, die Herrschaften meinen wohl, sie sind was Besseres? Vielleicht sollte ich ihm mal einen Besuch abstatten, dem feinen Herren. Im Bett sind sie nämlich alle gleich. Tabulos, pervers, sexsüchtig und willenlos. Niemand ist etwas Besseres im Leben, als der andere Mensch. Jeder spreizt im Bett die Beine und geht aufs Klo zum Scheißen! Den Wixer werde ich mal besuchen die Tage...!“ Meine Mutter schien entschlossen.

Manchmal wünschte ich mir einfach nur, mit anderen Kindern zusammen schaukeln zu können...Franz F.

Kapitel IV

Onkel Sam

Onkel Sam hieß er. Der Mann, der zu uns nach Hause kam und den Haushalt übernahm, wenn meine Mutter keine Zeit oder die nötige Lust dazu hatte. Die Aufmachung, in der er in unserem Haus den Boden wischte und staubsaugte, war sehr sonderbar. Gut, wir Kinder kannten es von ihm nicht anders. Er trug regelmäßig eine Unterhose und diese hässliche grüne

Krawatte. Ansonsten war er bis auf das Ledergeschirr um seinen Oberkörper herum „nackt“. Die Krawatte war mit einer Nadel an seinem Ledergeschirr fixiert, das er um seinen Körper trug. Mich erinnerte es an ein Hundegeschirr. Sein Mund war mit einer Klemme fixiert. So konnte er nicht sprechen. Während Onkel Sam durch unser Haus „robbte“ und den Boden schrubbte, beleidigte und beschimpfte ihn meine Mutter. „Du alter elendiger Drecksack, du widerlicher Bastard! Du weißt doch genau dass du im Bett ein Versager bist! Los, beweg deinen Arsch mal schneller, sonst hole ich die Peitsche und mache dir Beine!“ Onkel Sam wischte den Küchenboden und unsere Mutter stolzierte um ihn herum. Manchmal hatte sie dabei Jolene auf dem Arm und stillte sie. Onkel Sam war mit dem Wischen des Bodens recht gründlich, denn meine Mutter hätte ihn bestraft, wenn es ihrer Meinung nach nicht sauber genug gewesen wäre. Zwischendurch schrie sie ihn an, dass er ein Kind des Satans war, weil seine Mutter mit dem Pastor gevögelt hatte. *„Deine Mutter ist eine Hure, sie hat im Beichtstuhl gesündigt! Eine Ungläubige ist sie, Sam! Als deine armselige Kreatur entstanden ist, hat deine Mutter den Diener Gottes gefickt. Und der Bastard hat es zugelassen. Weißt du wie geil er danach war, deine Mutter zu vögeln? Er ist über sie hergefallen im Beichtstuhl, riss ihr die Kleider vom Leib und vergewaltige sie. Das hat deine Mutter so geil gemacht, dass ein Diener Gottes ihre Unschuld beschmutzte, dass sie dich nicht abtreiben ließ, wie es der Pastor von ihr verlangte. Auf Knien saß er vor ihr und flehte sie an, dass sie zu dem „Engelmacher“ gehen sollte. Dorthin, wo alle Kinder zu Engeln wurden, dessen Mütter der ungläubige Sohn Satans gevögelt hatte!“* Es war der Job meiner Mutter,

Onkel Sam diese und andere Geschichten zu erzählen. Sie erregte ihn damit. Er bekam während er am Boden kniete und den Linoleumboden schrubbte, einen Samenerguss. Ausgelöst dadurch, dass meine Mutter ihn beleidigte und er bei uns zuhause nackt Putzen durfte. „Dafür dass du einen Samenerguss bekommen hast, in meiner Küche, muss ich dich bestrafen, Sam! Los, wisch deine Wixe auf!" Meine Mutter holte ihre Lederpeitsche und schlug einige Male leicht über den Rücken von Onkel Sam. Mitgefühl für Onkel Sam hatte ich keins. Von zuhause aus hatte ich in sehr jungen Jahren gelernt und verstanden, dass alles, was in unserem Haus geschah, von den Männern ausdrücklich gewollt war. Sie bezahlten dafür, dass meine Mutter sie auspeitschte. Sie hatten ihren Spaß und ihre Befriedigung dabei, wenn sie unser Haus schrubben durften und dafür obendrein den Arsch versohlt bekamen. Andersrum fand meine Mutter ihre Befriedigung, indem sie sich von einem ihrer Freier auspeitschen ließ. Die Variante gab es auch. Natürlich. Die Männer bezahlten dafür, dass meine Mutter sie ans Bett fesselte, ihnen eine Ledermaske übers Gesicht zog und diese erst wieder kurz vor ihrem beinahe Erstickungstod abnahm. Onkel Sam war ein harmloser Vertreter, zumindest schien es so. Er sprach nicht viel. Mit uns Kindern schon gar nicht. Mich blickte er immer nur stumm an. Kein Lächeln aber auch kein böser Blick von ihm. Eines Tages hatte Kevin sich einen Spaß gemacht und die Anziehsachen von Onkel Sam versteckt. Onkel Sam hatte wie gewohnt unser Haus auf Hochglanz gebracht, während meine Mutter ihm eine ganz Palette Beleidigungen herunter predigte, wie es der Pastor jeden Sonntag in der Kirche tat, von dem sie Onkel Sam beim

Putzen erzählte. Nachdem er seine Strafe abgesessen und meine Mutter ihm die Klemme aus dem Mund genommen hatte, wollte er wie gewohnt in unser Badezimmer gehen, um sich umzuziehen. Leider befand sich seine Bekleidung nicht mehr an jenem Ort, wo er sie abgelegt hatte, weil mein Bruder sie ja versteckt hatte. Kevin hatte bereits das Haus verlassen und weder meine Mutter noch ich wussten, wo er die Sachen hingelegt hatte. „Ich kann doch so nicht nach Hause gehen!", jammerte Onkel Sam. Anstatt wütend zu werden, heulte er beinahe. „Irgendwo müssen sie ja sein!", beruhigte ihn meine Mutter. „Gisela kommt gleich von der Arbeit!" Wenn ich nicht daheim bin, macht sie mir hinterher einen riesen Aufstand! Sie ist doch so eifersüchtig!"
„Vielleicht solltest du dich von ihr trennen, Sam! Ich glaube nicht, dass eure Beziehung die ideale Verbindung ist und auf Dauer wird dich das ziemlich unglücklich machen! „Ja, dich würde ich ja gerne heiraten, Sophie!" Onkel Sam griff meiner Mutter von hinten an ihre Brüste. Meine Mutter trug das Lederkorsett, das sie immer trug, wenn sie die Peitsche in die Hand nahm. „Fummeln und noch eine Nummer hinterher, kostet extra, Sam!" Meine Mutter ließ sich nicht beirren. „Ja, dann zahle ich eben extra! Geld spielt keine Rolle, Sophie!" Onkel Sam zog den Reißverschluss des Korsetts hinunter und drehte meine Mutter zu sich um. „Ja und jetzt du Superheld?", lachte ihn meine Mutter aus. Die Hände von Onkel Sam zitterten. Bisher hatte er bei uns zuhause immer nur geputzt. Sex hatte er mit meiner Mutter nicht gehabt.
„Die Nummer kannst du doch gar nicht bringen, du kleines Weichei, du bist ein armseliger Bodenwixer, sonst nichts! Eine Frau befriedigen, das schaffst du doch gar nicht.

Du bist so erbärmlich Sam!" Onkel Sam atmete schwer. Nein, die Nummer konnte er tatsächlich nicht bringen. Nicht wirklich. Oder doch? War er ein Weichei? Ein Loser? Mit seiner Frau hatte er jahrelang nicht mehr gevögelt, weil sie ihn aus unglaubhaften Gründen nicht mehr an sich ranließ. Mal hatte sie Kopfschmerzen, mal ihre Tage, dann wiederum ein anderes Problem. Wie sich Sex anfühlte, das wusste Onkel Sam gar nicht mehr. Natürlich sehnte er sich danach, auch mal seinen Schwanz in eine Muschi stecken zu dürfen, als nur den Fussboden zu schrubben und sich beleidigen zu lassen. Selbst wenn er auf die „Nummer" des Nacktputzens unheimlich abfuhr. Der Gedanke, dass seine eigene Mutter eine Hure war, brachte ihn zusätzlich auf volle Touren. „Sophie, bitte lass es mich versuchen, ich bezahle dich dafür!" Onkel Sam hungerte nach Sex. Aber er stellte sich an wie ein kleiner dummer Junge, der noch nie in seinem Leben eine Frau gevögelt hatte. „Sam, ich lehne selten Wünsche ab, aber mit dir, ich kann es mir beim besten Willen nicht vorstellen! Du bist so ein Trotteltier, ein Dummerchen, sollen wir beide uns das nicht lieber ersparen?" „Hast du es nicht mehr nötig Sophie, oder was ist das jetzt für eine Nummer?" Sam wurde in seiner Stimme deutlicher. Plötzlich riss er meiner Mutter das Korsett vom Leib und drückte sie gegen die Wand. Mit einer Hand hielt er ihr den Mund zu und mit der anderen griff er ihr zwischen die Beine. „Jetzt spielen wir mal ein anderes Spiel, du kleine Schlampe und ich zeige dir mal, welch wildes Tier wirklich in mir steckt. Meine Mutter wehrte sich an dem Tag nicht, als Onkel Sam sich an ihr verging. Sex gegen ihren Willen war kein Geschäft, das war eine Vergewaltigung. Ja, das hatte ich einige Male erlebt, dass die Männer auf einmal

durchdrehten und plötzlich ganz andere Dinge von meiner Mutter erwarteten und von ihr verlangten, die zuvor scheinbar nicht vereinbart waren. Sex mit Onkel Sam war bestimmt niemals abgemacht gewesen. Gut, gegen Bezahlung hätte er bekommen können, was er wollte. Gegen Bezahlung war alles möglich bei meiner Mutter. An dem Tag war ich verunsichert. Bemerkte ich, dass meiner Mutter eine „Situation" zu entgleiten drohte, verzog ich mich schnell in mein Zimmer und schloss die Tür ab. Manchmal hielt ich mir auch die Ohren zu. Dann wollte ich die Schreie und das Stöhnen einfach nicht hören. Die Männer schrien, wenn sie Schläge bekamen und natürlich schrie meine Mutter, wenn sie sich von ihnen auspeitschen ließ. Die Männer schrien im Orgasmus und meine Mutter in ihren Schmerzen. An dem Tag als Onkel Sam bei uns war und durchdrehte, schrie meine Mutter auch. Wahrscheinlich hatte er sie ausgepeitscht gegen ihren Willen. Das Geräusch einer Peitsche hallte durch das Haus. Sie schrie eine verdammt lange Zeit. Länger als sonst, wenn sie gepeitscht wurde. Wie von Sinnen musste Onkel Sam auf meine Mutter eingeschlagen haben an dem Tag. In der Ecke meines Zimmers saß ich und hielt mir die Ohren zu. Draußen schien die Sonne. Ein wunderbares Frühlingswetter. Meine Freundinnen waren bestimmt alle auf dem Spielplatz und bekamen von ihren Müttern ein Eis spendiert, während ich in meinem Zimmer in einer Ecke kauerte und mir die Ohren zuhielt. Die Vögel zwitscherten, aber ich hörte es nicht. Was war das für ein Leben da draußen, außerhalb meines Zimmers? So wenig kannte ich von der Welt. Wie gern wäre ich mit meiner Mutter in die Eisdiele gegangen. Hätte mit ihr Federball im Park gespielt. Oder sie hätte mich zu

einer Reitstunde gebracht und mir zugesehen, wie ich auf dem großen stolzen Tier eine Runde drehen durfte. Als Kevin zurück nach Hause kam und sah, welche Pein unsere Mutter gerade durchlebte, versuchte er diese Situation so rasch wie möglich zu entschärfen. Lautstark schlug er mit der Tür und erschrocken ließ Onkel Sam von ihr ab. „Wo hast du meine Sachen versteckt du kleines Milchgesicht?“, fauchte er erbost. Er war außer sich. Kevin holte die Sachen, die er auf unserem Balkon versteckt hatte und warf sie Onkel Sam hastig vor die Füße. „Du bist schuld, dass deiner Mutter das passiert ist!“, schrie er Kevin an. Hätte ich meine Sachen sofort gefunden, wäre ich nicht durchgedreht!“ Kevin warf einen Blick auf das Bett seiner Mutter. Ihr Rücken blutete und sie hustete. Sie krümmte sich vor Schmerzen und war zunächst nicht ansprechbar. „Verschwinde oder ich rufe die Polizei!“ Kevin stellte sich Onkel Sam mutig entgegen. Dieser ergriff hastig die Flucht, nachdem er sich Hose und Jacke angezogen hatte. An dem Tag weinte unsere Mutter fast die halbe Nacht lang. Ich wollte sie trösten, doch sie wollte meinen Trost nicht. Sie schickte mich fort. Stattdessen verlangte sie Umschläge mit in Wasser aufgelösten Rivanoltabletten. Mit einem durchtränkten Leinentuch musste ich ihren Rücken abtupfen, der von Striemen durchfurcht war. Sie lag auf dem Bauch in ihrem Bett und stöhnte vor Schmerzen. „Du musst zum Arzt Mama“, sagte Kevin. „Nein! Das wird schon wieder. In ein paar Tagen bin ich wieder fit“, erwiderte sie tapfer. Das war das erste Mal, dass ich Mitleid meiner Mutter gegenüber spürte. In der Nacht weinte ich. Es waren Tränen der Verzweiflung. Onkel Sam kam nie wieder zu uns nach Hause.

Kapitel V

Mein Vater

Wenn man 10 Jahre alt ist, fragt man sich schon, wer wohl sein Erzeuger sein mag. Ich wusste es bis dato nicht. Meine Mutter sprach niemals über meinen Vater. Männer um mich herum gab es genug. Es war bestimmt nicht an dem, dass ich in meinem Leben, besonders als Kind, eine männliche Person vermisst hätte. Von den Freiern meiner Mutter gab es einige, die wirklich in Ordnung waren. „Paul" war einer von ihnen, von dem ich bereits berichtete in Kapitel III. Paul hatte immer ein liebes Wort auf seinen Lippen für meinen Bruder und mich. Kevin brachte er einmal ein ferngesteuertes Auto mit und mein Bruder war deshalb total aus dem Häuschen über das Geschenk. Geschenke und Dinge außerhalb der Reihe, gab es bei uns zuhause selten. Meine Mutter überhäufte uns weder mit Liebe noch mit Geschenken, Anziehsachen oder Süßigkeiten. Da war es natürlich etwas ganz Besonderes, wenn uns einer ihrer Männer etwas zum Spielen mitbrachte. Kevin hatte unsere Mutter mehrmals gefragt, ob es sich bei Paul um seinen Vater handelte. „Wenn du willst, dass Paul dein Vater ist, dann frag ihn doch mal, ob Paul dein Vater sein möchte!", sagte unsere Mutter lapidar. In der Tat war das eine merkwürdige Antwort. Aber unsere Mutter wusste selbst nicht, wer unsere Väter waren. Das gestand sie mir viele Jahre später in einem Gespräch, als ich längst eine erwachsene Frau war und es eigentlich keine Rolle mehr spielte, dass ich nie einen Vater besessen hatte.

Der folgende Dialog wurde entnommen aus dem Tagebuch von Franzy Ende der 90 er Jahre, da war Franzy etwas über 20 Jahre alt. Ein Gespräch zwischen ihr und ihrer Mutter. Zu dem Zeitpunkt lebte Franzy bereits nicht mehr zuhause.

„Ich fickte oftmals ohne Verhütung und ja, irgendwann wurde ich dann halt schwanger!“, erzählte meine Mutter. Natürlich war ich fassungslos über ihre Einstellung und sagte ihr das auch klipp und klar. „Wie konntest du so leichtsinnig mit deinem Leben umgehen?“, fragte ich sie, da war ich etwas über 20 Jahre alt. „Und warum hast du die Freier damals nicht zur Rechenschaft gezogen?“ Einen Vaterschaftstest oder so machen lassen? Hat dich das nie interessiert, wer der Vater deiner 3 Kinder war?“ „Nein!“, gestand meine Mutter gefühllos. „Weißt du, als Prostituierte da gibt es zwischen dir und dem Freier eine Abmachung, die heißt ganz klar, Verhütung ist ein Gebot und es wird niemals ohne Kondome gevögelt, alleine wegen der Geschlechtskrankheiten! Ein Gebot, das niemals gebrochen werden darf!“ „Ja und Mama, warum hast du dich dann nicht daran gehalten?“ „Weil das Ficken ohne Gummi auch Spaß gemacht hat und es zwischendurch Männer gab, die mochte ich sehr gern und sie kamen regelmäßig zu mir, da konnte man beinahe schon von einer Beziehung zwischen uns sprechen! Einer privaten, keiner geschäftlichen mehr. Und ja, vielleicht dachte ich auch, wenn ich ein Kind von ihnen bekommen hätte, dass sie mich

vielleicht für immer genommen hätten und ich aus dem Sumpf herausgekommen wäre! Aber niemand von den Männern wollte mich als Frau an seiner Seite haben. Es waren größtenteils Männer, die von ihren Ehefrauen enttäuscht waren. Auf der Suche nach einem Sexabenteuer waren sie und sie wollten das ausleben, was sie zuhause nicht bekamen. Ich befriedigte ihre perversesten Phantasien und sie gingen ab wie die Idioten im sexuellen Bereich ihrer Möglichkeiten. Dafür bezahlten sie mir teuer Geld, nur um den Kick, das Absurde, das Unmögliche, erleben zu können. Aber mit mir eine Familie gründen, das wollte niemand von ihnen! Als ich schwanger wurde, hätte ich den Teufel getan und einem von ihnen eines meiner Kinder untergejubelt. In meinem Leben gab es Freier, die hätten mich vielleicht umgebracht, wenn ich ihnen gesagt hätte, dass ich die Pille gar nicht nahm. Glaubst du Franzy, das jemand von denen scharf darauf war, ein Kind zu zeugen oder hinterher für das Kind zu bezahlen? Naja, also sie hätten sich vielleicht noch liebend gern damit gebrüstet, dass sie in der Lage waren, ein Kind zu zeugen, das wohl, aber dafür aufkommen? Alimente bezahlen für ein Blage? Kindergeburtstage feiern? Haha, in welcher Welt lebst du Franzy? Freier... das sind Männer, denen geht's nur ums Ficken! Da kommt keiner der dir sagt, hey Süße, ich möchte eine Familie mit dir gründen!" Die Worte meiner Mutter waren ehrlich aber grausam. Das Gespräch hatte ich damals in meinem Tagebuch notiert. Mein Tagebuch war mittlerweile zum dicken Buch angewachsen und randvoll gefüllt mit der Traurigkeit meines Lebens. Unserer Mutter war es also egal, ob sie schwanger wurde und von wem. „Naja, also wir haben schon auch verhütet!", warf meine Mutter ein.

„Da waren Freier, für die wäre es niemals in Frage gekommen, mich ohne Gummi zu vögeln. Und dann gab es eben welche, die wollten es gerne ohne, trotz dass es gegen die Vereinbarung war! Manche bezahlten extra mehr Geld, nur damit ich die Kondome wegließ. An die Zeit, als meine Mutter mit meiner kleinen Schwester Jolene schwanger war, erinnere ich mich sehr gut. Mit solch einem dicken Bauch Geschlechtsverkehr auszuüben, war bestimmt nicht angenehm. Es gab Männer, die waren unheimlich scharf darauf, mit einer schwangeren Frau, einer Prostituierten zu schlafen, die ein Kind unter dem Herzen trug. Das wusste ich aus späteren, eigenen Erfahrungen. Das Treiben meiner Mutter beobachtete ich oft heimlich, denn ihre Türe stand immer einen Spalt offen. Das war glaube ich für sie ein besonderer Anreiz all die Jahre lang, dass sie ihre Spielchen nicht heimlich trieb und uns Kindern den Zugang zu dem Eingangstor ihrer Prostitution verwehrte, sondern es offenließ. Sie ihr Sexualleben für uns freizugänglich machte. Jahre später befragte ich sie bewusst danach, warum sie sich vor uns Kindern niemals eingeschlossen hatte. Warum sie uns nicht schützen wollte. Ihre Antwort war für mich gar nicht einzugliedern. „Verbotene Reize sind ganz besondere Reize und üben auch auf eine „Professionelle“ eine Art Erregung aus!“, lachte meine Mutter. Als sie merkte, dass ich das nicht wirklich verstand, erklärte sie mir die Sachlage. „Weißt du Franzy, als Nutte, da hast du keine Gefühle für die Männer. Dir geht als Frau keiner dabei ab, wenn sich die Kerle an dir einen abvögeln. Das Stöhnen und der Orgasmus sind vorgespielt. Man liegt eigentlich wie ein toter Gegenstand unter ihnen, sitzt auf ihnen drauf und agiert in einem reinen

Arbeitsmodus. Hure war mein Beruf. Oder meine Berufung. Da gab es keinen Platz für Gefühle. Gut, ab und zu passierte es mal, dass ich tatsächlich einen Orgasmus bekam, aber um den Zustand zu erreichen, musste ich nachhelfen!" Meine Mutter erzählte von ihrem Beruf wie ein Bäcker, der für andere Menschen Brötchen backte. „Wie hast du nachgeholfen?", fragte ich neugierig. „Naja, wenn ich die Tür zu meinem Zimmer nicht zusperrte, das erregte mich! Allein der Gedanke, dass einer von euch Kindern wieder heimlich spionierte, machte mich geil. Generell „Sex an Orten", an denen man gesehen wird, hat einen speziellen Reiz. Für jeden Menschen. Das Problem ist nur, niemand kann seine Phantasien und Vorstellungen so ausleben, wie er das gern möchte, weil es die Gesellschaft verbietet. Was glaubst du, was los wäre auf diesem Planeten, wenn sich jeder so freizügig geben dürfte, wie er wollte? Du würdest Menschen sehen, die in der freien Natur unter dem Schatten der Bäume miteinander intim wären. Du würdest Menschen im Fahrstuhl begegnen, die es miteinander treiben. Die Menschen sehnen sich nach Dingen, die verboten und nicht erlaubt sind. Das stimuliert ihr Adrenalin und das gibt ihnen ein gutes Gefühl. Das Gefühl eines Orgasmus war mir doch im Laufe der Jahre verlorengegangen. Und glaubst du nicht, dass es auch mir ein Bedürfnis war, das Gefühl ebenfalls ausleben zu dürfen, neben meinem Beruf? Mit der Zeit entwickelte ich Strategien, mit denen ich das Gefühl zurückerlangen konnte. Meine Tür nicht zu schließen war eine von ihnen. In der Schwangerschaft Sex zu haben, ebenfalls. Eigentlich wollte ich in meinem Leben gar keine Kinder haben!" Das war ein Satz, mit dem mich meine Mutter damals zutiefst getroffen hatte. Liebe

hatten wir Kinder von ihr sowieso kaum erfahren und mit dem Geständnis erklärte sie mir auch gleich, warum das so war. Weil meine Mutter für Kinder eigentlich nichts übrig hatte. „Warum hast du uns dann nicht abgetrieben?", stellte ich die berechtigte Frage an sie. Das war eine Frage, die mich sowieso jahrelang beschäftigt hatte. „Naja, Sex in der Schwangerschaft war auch wieder ein besonderes Gefühl!", klärte sie mich auf. „Einige der Freier waren dann besonders liebevoll zu mir, weil sie wussten, dass ich ein Kind austrug. Neben dem harten Sex gab es dann auch mal die „Weichspülnummer". Streicheln, Zärtlichkeit und ich liebte es, wenn meine Brüste größer wurden. Große Brüste sind etwas, das die meisten Männer erregt. Wenn die Männer an ihnen spielten, während ich schwanger war, dann erregte mich das auf eine Art, die eben anders war, als wenn ich kein Kind unter meinem Herzen trug. Meine Sinne waren geschärft. Alles an und in mir war sensibler ausgerichtet und auf Empfang gestellt. Auf die Berührungen der Männer reagierte mein Körper viel feiner, als ich schwanger war. Es gab mir ein gutes Gefühl. Sex ist nicht nur etwas, das sich durch Gefühlsregungen im Kopf abspielt und deinem Körper signalisiert, dass du geil werden sollst. Es sind die besonderen Wahrnehmungen. Wenn das Streicheln der Brust intensiver empfunden wird und dir plötzlich große Lust bereitet. In der Schwangerschaft ist das so. Der Körper ist lustvoller. Für mich waren die Anreize meiner Sinne sehr wichtig und weniger die Berührungen auf der Haut. Auf dem Gebiet war ich doch bereits abgelutscht und abgefummelt. Da tat sich nicht mehr viel bei mir. Hunderte von Männern hatten sich an mir einen abgeritten, meine Brüste geknetet, sie gestreichelt, an ihnen

genuckelt, rumgelutscht, ihre Hände in meine Vagina gegraben und meinen G-Punkt stimuliert. Das war alles Monotonie für mich und meinen Körper. Mir gab das nichts mehr. Während sie sich in Ekstase ritten, sich „geil" leckten an mir, ließ ich es über mich ergehen und dachte naja gut, bekommst du ordentlich Kohle dafür. Aber bitte glaube doch nicht Franzy, dass ich Spaß dabei hatte!" Aber Sex in der Schwangerschaft war wunderbar. Mein Körper reagierte sensibel und fein auf die Berührungen der Männer. Wahrscheinlich ist das von Natur aus in uns Menschen so eingerichtet worden. Deshalb trieb ich auch nicht ab. Mein Job machte mir in der Schwangerschaft besonderen Spaß!" Harte Worte meiner Mutter. Mit den Worten endete damals mein Tagebucheintrag. Trotzdem dachte ich immer wieder daran, ob es nicht doch Möglichkeiten gab, herauszufinden, wer mein Vater war. Meinem Bruder Kevin war das egal, wer sein Erzeuger war. „Mein Vater ist ein Wixer!" Ein Hurensohn! Ein dreckiges Schwein, ein elendiger Nuttenficker, ein Arschloch, ...waren seine Worte. Recht hatte er mit den Ausdrücken ja! Natürlich war sein Vater ein Nuttengänger! So wie mich die Kinder in der Schule „Nuttenkind" riefen, waren unsere Väter tatsächlich die Nuttenficker. Es handelte sich um eine Sprache, die in dem „Milieu" Gang und Gebe war. Selbst die reichsten Banker, gebildetsten Wissenschaftler und hochkarätigen Professoren sprachen in dem Genre, in dieser Ausdrucksweise. Ich hatte sie doch alle erlebt. Meine Mutter vögelte eines Tages den Vater meiner Freundin Eva. Meine Mutter hatte Evas Eltern zuhause aufgesucht, um mit ihnen zu reden, warum sie ihre Tochter nicht mehr mit mir spielen ließen und ihrem Kind den

Umgang mit mir verboten. An dem Tag war Evas Vater alleine zuhause und er hatte meine Mutter ins Haus gebeten. Fataler Fehler...Sie landeten im Bett und meine Mutter hatte es Evas Vater so gut besorgt, dass er von dem Tag an Kunde bei unserer Mutter wurde. Das war das erste Mal, dass ich erlebte, dass meine Mutter mich wegsperren wollte, wenn ein „Freier“ kam. Natürlich wollte sie verhindern, dass ich plauderte, wenn ich Evas Vater bei uns zuhause entdeckt hätte. Eines Tages nahm sie mich zur Brust. Sie hatte mich zum Spielplatz fortgeschickt, während sie Evas Vater bei uns zuhause empfing, um ihn glücklich zu machen. Leider war ich früher als von ihr geplant, zurück nach Hause gekommen und hatte beide zusammen im Bett erwischt. Ich hörte durch die Tür wie Evas Vater, der auf unserer Sparkasse im Ort der Direktor war, zu meiner Mutter sagte: „Du bist eine dreckige kleine Hure, aber du fickst so gut, das ich nicht anders kann, als dich zu vögeln!“ Ich stand im Spalt der Tür zum Zimmer meiner Mutter, als Evas Vater auf meiner Mutter saß und sie mit wilden Bewegungen bearbeitete. Meine Mutter hatte mich bemerkt und legte den Kopf schief, so dass sie an dem Oberkörper ihres Freiers vorbeisehen konnte und mir direkt ins Gesicht blickte. Nachdem Evas Vater unsere Wohnung verlassen hatte, erlebte ich eine Situation, die völlig absurd war. Franzy, du möchtest doch, dass Eva wieder mit dir spielt, oder?“ Meine Mutter saß am Küchentisch. Der Küchentisch war bei uns zuhause immer so etwas in der Art wie ein Gerichtsaal. Dort wurden Anhörungen durchgeführt und schwerwiegende Themenbereiche aufgegriffen. Kurz gesagt, sollte jemand von uns Kindern an den Küchentisch kommen, bedeutete das Ärger oder ein ernstes Gespräch. Natürlich

wollte ich wieder mit Eva spielen. „Du wirst deinen Mund halten Franzy, ist das klar!?“ Meine Mutter klang sehr ernst. Niemals hatte sie mich gebeten, irgendetwas, das ich zuhause gesehen und erlebt hatte, nicht weiterzuerzählen. Etwas Böses, Abartiges, Widerliches oder Schmutziges und solche Dinge geschahen bei uns daheim fast täglich. Meine Mutter war clever. Sie wusste genau, wenn sie uns Kindern ein Verbot gab, regte sie uns damit nur an, genau das zu tun oder etwas, das wir nicht erzählen sollten, weiterzuerzählen. Das war ein menschliches Fehlverhalten und funktionierte besonders gut bei Kindern. „Eva wird wieder deine Freundin sein, aber dass ihr Vater uns besucht hat, das wirst du weder ihr, noch jemand anderem erzählen, hast du mich verstanden Franzy?“ Natürlich nickte ich. „Eva wird sonst nie wieder mit dir spielen dürfen!“, sagte meine Mutter. Eva setzte sich in der Klasse tatsächlich wieder neben mich und Eva wurde meine beste Freundin. Warum das so war, das konnte ich als Kind erahnen, aber das genaue Ausmaß der Katastrophe menschlichen Versagens, blieb mir bis dahin noch verborgen. An manchen Tagen hoffte ich, dass der Vater von Eva meine Mutter heiraten würde. Dann wären wir eine richtige Familie gewesen und ich hätte eine tolle Schwester bekommen. Mit meinem Bruder hatte ich nie das beste Verhältnis. Wir stritten viel und er machte sein Ding. Einen Vater und eine Schwester wünschte ich mir. Das schrieb ich, als ich 11 Jahre alt wurde, auf meinen Wunschzettel zu Weihnachten. „Mit dem Schwesterlein für dich, da kann ich mal mit dem Christkind reden, Franzy!“, sagte meine Mutter und kniff mir ein Auge. Einige Monate später wurde unsere Mutter dann tatsächlich schwanger. Das lag aber sicherlich nicht nur an

meinem Wunschzettel! Mit dem Vater, da konnte mir niemand helfen. Aber Paul, der Freier meiner Mutter hatte mir versprochen, dass er sich um Reitstunden für mich bemühen würde, wenn ich immer schön artig wäre. Natürlich war ich artig. Eines Tages, als Paul wieder einmal zu uns kam, um es sich von unserer Mutter besorgen zu lassen, nahm er mich beiseite. „Franzy, ich habe eine Überraschung für dich!“, dabei strahlte er übers ganze Gesicht. „Wenn deine Mutter es erlaubt, fahren wir zum Reitstall und du darfst eine Runde auf einem echten Pferd reiten, na, was sagst du?“ Mein Gott, was jubelte ich! „Warum machst du das, Paul?“, fragte meine Mutter. Sie stand in ihrem Minirock und dem hautengen Top mit einem Wahnsinns-Ausschnitt wohlgemerkt, im Türrahmen ihres Schlafzimmers. Ihre Lederstiefel waren neu. Sie glänzten wie eine Speckschwarte. Ihre Brüste traten hervor wie zwei pralle Luftballons. Ich sah ihre Brustwarzen durch das Nylon schimmern. Sie trug keinen BH. Sie posierte aufreizend im Türrahmen. Das war ihre Art, um die Freier zu empfangen. Das war ihr Job. Paul betrachtete meine Mutter eine Zeit lang. Dann griff er in ihren Ausschnitt und zog den Stoff ein Stück hinunter. Er küsste die blanken Brüste meiner Mutter. „Ihr beiden Babys müsst jetzt mal eine Stunde auf mich warten, Daddy ist bald wieder bei euch!“ „Ich habe es deiner Tochter versprochen, Sophie! In einer knappen Stunde sind wir zurück und ich bezahle dir den Leerlauf extra, keine Sorge! Vielleicht nimmst du in der Zeit ein heißes Bad und entspannst mal eine Runde!?“

Pferde! Pferde kannte ich eigentlich nur aus dem Fernsehen und ich fand die großen edlen Tiere einfach wundervoll. Paul

hatte mich tatsächlich zum Reitstall gefahren und mir eine Reitstunde organisiert. Er machte mich an dem Tag zu einem sehr glücklichen Kind. Auf dem Pferderücken an der Longe trabte ich hinein in die vollkommene Stunde des Glücks. An einem Griff am Hals des Pferdes hielt ich mich fest und probierte mich in den Rhythmus einzufinden. Es war wunderbar. Herrlich. Zeitlos. Ein Traum. Ich strahlte übers ganze Gesicht, als ich an Paul vorbeiritt, der am Rand der Reithalle stand und mir zusah, wie ich auf dem großen Pferd meine Runden zog. „Ihre Tochter macht das toll!", rief der Reitlehrer anerkennend, der in der Mitte der Longe stand, zu Paul herüber. „Ja, sie ist ein echtes Naturtalent!", rief Paul stolz. Paul behielt es für sich, dass ich nicht seine Tochter war. Von dem Tag an war Paul für mich mein Vater. Er hatte mich glücklich gemacht, mir einen Stern der Hoffnung geschenkt. Dafür liebte ich ihn. Das war ein Erlebnis, wie ich es nie zuvor erlebt hatte in meinem Leben. Mein Herz hing an Paul und ich glaube heute noch, warum auch immer, seines hing genauso an uns Kindern. Von dem Tag an sorgte Paul dafür, dass ich einmal die Woche zum Reitunterricht gehen durfte. Er bezahlte meine Reitstunden und meine Mutter willigte notgedrungen ein, auch wenn sie es nicht wirklich gut fand. „Pferde sind gefährliche Tiere!", sagte sie abwertend. „Das ganze Leben ist gefährlich!", entgegnete Paul. Paul stand auf meiner Seite. Er traute sich sogar, meiner Mutter hier und da zu widersprechen. Deshalb mochte ich ihn so gern...!

Kapitel VI

Grenzgänger

Im Leben meiner Mutter gab es Männer, die sie an ihre sexuellen Grenzen brachten. Durch ihre Phantasien oder durch ihre Vorstellungen, was sie mit unserer Mutter gegen Bezahlung ausleben wollten. „Perverse“, nannte sie diese Art von Männern. Aber, sie ließ sie hinein in unser Leben. Gegen Bezahlung ließ meine Mutter alles über sich ergehen und jeden an sich heran. Es gab Männer, die wollten Sex mit mehreren Personen. „Gruppensex“. Manche brachten ihre Frauen mit. Einige kamen zu zweit. Zwei Männer und manchmal kamen auch drei oder vier zusammen. „Immer diese Grenzgänger!“, sagte meine Mutter. Meistens tat sie das, wenn sie telefoniert hatte und den Hörer auflegte. Die Herren hatten sich telefonisch angemeldet. Meine Mutter musste teilweise so etwas wie Unbehagen in sich gespürt haben. Wenn es ganz hart zuging, dann war nämlich einer ihrer „Zuhälter“ bei uns anwesend. Dass meine Mutter einen Zuhälter hatte, wusste ich zu dem Zeitpunkt nicht. Aber der „Gorilla“, er war einer…! Er war bei uns zuhause anwesend, wenn die Grenzgänger kamen. Der Gorilla hielt mich und Kevin davon ab, dass wir von dem „Geschehen“ etwas mitbekamen. Er setzte sich mit uns Kindern in die Küche und wir spielten mit ihm Karten. Das war eine urkomische Situation. Er verzog selten eine Miene, er war eigentlich ein immer schlecht gelaunter Mensch und guckte recht böse und grimmig. Weder Kevin noch ich wollten mit ihm Karten spielen aber wir trauten uns nicht, ihm Widerworte zu geben.

Meine Mutter hatte den Gorilla zu uns ins Haus bestellt, damit sie sicher gehen konnte, dass sie ihr Leben nicht aufs Spiel setzte, wenn die Grenzgänger kamen. Wenn drei erwachsene Männer durchdrehten, war das keine Sache mehr, die eine Frau alleine im Griff halten konnte. Dass der Gorilla einen Anteil des Geldes kassierte, das unsere Mutter dafür bekam, dass sie es mit mehreren Männern trieb, wusste ich bis zu dem Zeitpunkt nicht. Dass der Gorilla die Männer für unsere Mutter ausgesucht hatte, erst recht nicht. Einmal kam es bei uns zuhause tatsächlich zu einer Auseinandersetzung und der Gorilla musste einschreiten. Drei Männer waren mit unserer Mutter zusammen im Zimmer und alle vergingen sich an ihr. Jemand von den Herren musste wohl einen sexuellen, extrem perversen Wunsch verlangt haben, dass sogar unsere Mutter nicht mehr bereit war, ihre Beine breizumachen. Sie wollte da scheinbar nicht mitmachen, sie wollte es nicht über sich ergehen lassen! Was auch immer von ihr verlangt wurde, sie verneinte es, und plötzlich kam es in dem Schlafzimmer zu einer lautstarken Auseinandersetzung. Der Gorilla stand vom Tisch auf und ging in das Zimmer. „Was ist hier los?“, schrie er in einer sehr deutlichen, dunklen Tonlage. Kevin und ich nutzen die Gelegenheit, uns aus dem Staub zu machen. Das war unsere Chance. Wir schnappten unsere Jacken und verließen das Haus. Wir rannten durch den Vorraum, öffneten die Eingangstür und ließen diese dann lautstark ins Schloss fallen. Aufgeschreckt durch den Lärm, den wir verursachten, wurde eine Nachbarin auf uns aufmerksam. Kopfschüttelnd schrie sie uns nach: „Aha, die Hurenkinder! Wer sonst sollte solch ein Spektakel zur Nachmittagszeit veranstalten?“

Ab zum Spielplatz ging es. Das war uns doch wesentlich angenehmer, als mit dem fiesen Gorilla in der Küche Karten zu spielen. Natürlich bekamen wir, als wir zurück waren, eine heftige Standpauke von unserer Mutter. „Ich mag aber mit dem Gorilla nicht Karten spielen!“, sagte Kevin patzig und ich nickte zustimmend. „Ich auch nicht, Mama!“ Natürlich kamen die „Grenzgänger“ wieder. Erstaunlicherweise fehlte der Gorilla dabei. Hatte unsere Mutter sich das zu Herzen genommen, dass wir den Gorilla als Aufsichtsperson nicht akzeptierten wollten? Kevin hatte sich an dem Tag mit seinem Freund verabreden dürfen und ich war mit meiner Mutter alleine zuhause, als die Männer kamen. „Du bleibst in deinem Zimmer Franzy, wenn es vorbei ist, dann komme ich, ok?“, befahl meine Mutter. Sie hatte mir versprochen, wenn ich schön artig bliebe, dass sie zur Belohnung mit mir ein Eis essen gehen wollte. Dennoch konnte ich es mir nicht verkneifen, einen heimlichen Blick in das Schlafzimmer zu werfen. Natürlich stand sie einen Spalt offen, ihre Tür, wie immer…! Meine Mutter lag nackt auf dem Bett. Ihre Hände waren in Handschellen kopfüber an die Eisenstange gekettet. Einer der Männer hatte seinen Kopf zwischen ihre Schenkel gesteckt und leckte mit seiner Zunge zwischen ihren Beinen. Eine Augenmaske hatten ihr die Männer aufgesetzt. Die beiden anderen Männer küssten ihre Brüste. Alle Männer waren nackt. Das Bett meiner Mutter war groß genug, sodass alle Platz in ihm fanden. Die Hände der Männer befummelten nicht nur den Körper meiner Mutter, sondern sie griffen sich auch gegenseitig an die Geschlechtsteile ihrer Mitspieler. Während ein Mann die Brüste meiner Mutter leckte, stimulierte ihm die Hand eines anderen seinen Penis.

Eine brennende Kerze hielten sie in den freien Händen und ließen das heiße Wachs auf die Haut meiner Mutter träufeln. Vornehmlich auf ihre Brustwarzen. Meiner Mutter schien das zu gefallen, sie stöhnte lustvoll. Immer wieder wurde ihr das Wachs von der Haut abgeknibbelt und neu drauf geträufelt. Mit einer Sprühsahneflasche wurde hantiert. Die Sahne sprühte man ihr zwischen die Beine und die Männer leckten sie der Reihe nach von ihren Schenkeln. Welch ein Wechselspiel. Brüste küssen, Kerzenwachs, ein Lustspiel der Männer, die um meine Mutter herum waren. Sahne vom Kitzler lecken und das gegenseitige Befummeln der Genitalien schien alle Beteiligten zu erregen. Einer der Männer sprang schließlich auf meine Mutter und drang mit seinem Penis in ihre Scheide. Er vögelte sie in meinen Augen äußert brutal. Seinen großen Schwanz hatte ich zuvor genau gesehen. Er war riesig, aber mit einem Kondom überzogen. Während er sich auf dem Körper meiner Mutter hastig bewegte, leckten die beiden anderen weiterhin ihre Brüste. Meine Mutter zappelte regelrecht unter den Berührungen, aber durch das Gewicht des Mannes, der auf ihr saß, blieb ihr wenig Spielraum. Die beiden Männer, die soeben noch genussvoll die Brustwarzen mit ihren Zungen bearbeitet hatten, knieten sich seitlich neben ihren Körper und masturbierten. Fast im selben Moment schienen alle drei gleichzeitig einen Höhepunkt zu erleben, denn der Mann, der auf meiner Mutter saß, schrie wie ein Wilder und das kannte ich bereits, dass Männer schrien, wenn sie zum Orgasmus kamen. Die Penisse der anderen beiden entleerten sich mit einer weißen Flüssigkeit, die sie genussvoll über die Brüste meiner Mutter spritzten. Anstatt danach von meiner Mutter abzulassen,

nahmen sie einen Vibrator und steckten ihn meiner Mutter in ihre Scheide. Einer der Männer leckte das Sperma von ihren Brüsten. Nachdem sie den Vibrator aus der Scheide zogen, steckten sie sich ihn abwechselnd in ihren eigenen Hintern. An dem Tag hatte ich genug gesehen. Was dort im Schlafzimmer meiner Mutter vor sich ging, konnte ich nicht begreifen. Es war der Job meiner Mutter, okay. Das war mir bekannt. Ihre Arbeit. Mit dem Wissen war ich aufgewachsen und es musste so sein. Ich stellte keine Fragen. Nein, ich war auch nicht einmal schockiert. War ich überfordert? Ich war traumatisiert. Schon als Kind, aber das sollte ich erst viele Jahre später merken. Perversität war bei uns zuhause nicht unbedingt an der Tagesordnung, aber es gab Dinge, die grenzwertig waren. Als meine Mutter „Jolene" geboren hatte, war es an der Tagesordnung, dass unsere Mutter ihr Baby überall stillte. Daraus machte sie keinen Hehl. Manchmal saß sie auf der Toilette, nackt, das Baby im Arm und ließ es an ihren Brüsten trinken, während meine Mutter ihr „Geschäft" auf der Klobrille erledigte. Als ich sie einmal dabei erwischte, die Tür schloss sie ja generell nicht ab, egal wo sie war, sagte sie: „Ja und, was guckst du denn jetzt so blöde? Ich kann mich nun mal beim Scheißen gut entspannen!" Meine Mutter verbrachte manchmal Stunden im Badezimmer. Einmal war das Waschbecken voller Blut, als ich nach ihr das Bad betrat. Ich überlegte, was wohl passiert war. Sie zu fragen, traute ich mich zunächst nicht. Aber es ließ mir keine Ruhe. „Mama, warum war im Waschbecken so viel Blut?", fragte ich beim Abendessen. Meine Mutter setzte einen erstaunten Blick auf. „Blut?", fragte sie unglaubwürdig. Ach so, ja, ich erinnere mich! Ich habe mich geschnitten und vergessen, das

Waschbecken auszuspülen!" An den Händen meiner Mutter waren keine Verletzungen zu sehen. Ich fragte zunächst nicht weiter, fand es aber schon merkwürdig. Manchmal befriedigte sich unsere Mutter selbst. Sie lag im Schlafzimmer auf ihrem Bett und hantierte mit dem Vibrator. Am liebsten tat sie auch das genau dann, wenn sie Jolene stillte. Mit einer leichten Bluse bekleidet, die bis zur Mitte ihres Bauches aufgeknöpft war, so dass ihre Brüste frei lagen, saß sie im Bett und hatte das Baby an ihrer Brust zum Trinken angelegt. Während sie es mit der einen Hand im Arm hielt, schob sie sich mit der anderen den Vibrator in ihre Scheide und bewegte ihn heftig in ihrem Unterleib hin und her. Sie stöhnte. Es passierte, dass meine Mutter in der Badewanne saß und das Baby schrie, weil es Hunger hatte. Anstatt sich aus der Wanne zu bemühen, rief sie mich mit dem Baby herbei, rutschte in der Badewanne aufrecht und stillte meine Schwester. Als sie fertig war, rief sie mich wieder, damit ich ihr Jolene abnahm und meine kleine Schwester ins Bett brachte.

Jolene war einmal erkrankt und musste für ein paar Tage im Krankenhaus bleiben. Der Arzt hatte unsere Mutter gefragt, ob sie bei ihrem Baby bleiben wollte, aber meine Mutter lehnte das ab. Sie hätte in dem Zimmer bleiben dürfen, aber genauso gut nach Hause fahren können. „Sollen wir Ihnen eine Milchpumpe mitgeben, damit Sie die Milch absaugen und dem Baby ins Spital bringen können?" „Herr Doktor, aus beruflichen Gründen wird es für mich etwas schwierig, jeden Tag herzukommen, gibt es eine andere Möglichkeit, die Flasche vielleicht?" Meine Mutter besuchte das Baby nicht im Krankenhaus. Sie rief dort an und erkundigte sich.

Aber sie ging nicht hin. Stattdessen saß sie auf der Couch und guckte TV oder bediente ihre Freier. Ich belauschte meine Mutter und den Typen, der neu bei uns war, ihn kannte ich noch nicht. „Du hast sehr große Brüste, hast du ein kleines Kind?“, fragte er neugierig. Er und meine Mutter lagen nackt auf ihrem Bett, der Typ streichelte ihre Brüste. „Ja, ich habe eine kleine Tochter, sie ist jetzt 2 Monate alt!“ „Stillst du sie?“ „Ja, natürlich!“ Der Mann drückte an den Brüsten meiner Mutter herum und Milch trat aus den Drüsen. „Du bist gut gefüllt, müsstest mal was ablassen, was?“ „Ja, ich dachte, dass du mir die Dinger jetzt leertrinkst, oder magst du das nicht?“ Meine Mutter nahm ihre Brüste in die Hand und hielt sie dem Mann demonstrativ vor die Nase. „Es gibt viele Männer, die stehen sehr darauf, aus meinen Brüsten zu trinken!“ „Ich aber nicht!“, sagte der Mann. Er hielt für einen Moment inne. „Aber, ich würde es sehr mögen, zuzusehen, wie du einen großen Jungen an deinen Brüsten stillst!“ „Was zahlst du dafür?“, fragte meine Mutter. Die beiden mussten sich einig geworden sein, denn wenig später klingelte „der Gorilla“ an unserer Tür und meine Mutter öffnete ihm. „Was für ein Perverser, der zusehen will, wie ich dich vernasche?“, begrüßte dieser meine Mutter. Dann verschwand meine Mutter mit dem Gorilla im Schlafzimmer. Der Gorilla zog meiner Mutter ihre Bluse aus, die sie sich übergezogen hatte, um ihm die Tür zu öffnen und drückte sie unsanft aufs Bett. Mit seiner Hand umfasste er eine ihrer Brüste und drückte auf sie. Ein Strahl Milch schoss empor. Beinahe heldenhaft versuchte er, den Strahl in seinen Mund zu dirigieren. Das Spiel wiederholte er. Der andere Mann saß im Sessel neben dem Bett und sah dem Gorilla bei seinem Treiben zu,

Wir sollten dir mal einen vernünftigen BH kaufen! Vielleicht kann Paul mit dir losgehen, der kauft dir mal schöne Unterwäsche, was hältst du davon?“ Du magst Paul doch sehr oder nicht?“ Ich nickte. Ja, ich mochte Paul. Meine Mutter massierte mit ihrer Hand meinen Busen. Mir gefiel das Gefühl. Eine Mutter durfte ihr Kind doch überall berühren, so dachte ich damals und wie oft hatte ich mich nach den Berührungen meiner Mutter gesehnt und sie von ihr nicht bekommen? Jetzt bekam ich sie und ich genoss es in vollen Zügen. Das Gefühl steigerte sich in mir. Ein Lustgefühl. Während ich an der Brust meiner Mutter mit meinem Mund saugte und mit der Zunge an ihren Brustwarzen spielte, die warme Milch trank, die aus den Drüsen kam, stimulierte meine Mutter mit ihren Händen meine Brüste. „Magst du das Franzy?“, fragte sie. „Ja Mama, antwortete ich. Mir gefiel das tatsächlich. Mein Lustgefühl war nichts anderes, als eine sexuelle Stimulation. Ausgelöst durch die Berührungen meiner Mutter. Für einen Moment wünschte ich mir, meine Mutter würde meine Brüste mit ihrem Mund liebkosen, so wie ich ihre. So wie das Baby es getan hatte, als ich es an meine Brüste gelegt hatte, weil es so sehr schrie und ich dabei einen Orgasmus bekommen hatte. Ich wollte dieses Gefühl noch einmal erleben. Ich wollte es meiner Mutter sagen, dass sie bitte meine Brüste lecken sollte, aber ich schaffte es nicht. Diese Worte, ich konnte sie einfach nicht aussprechen. Was hielt mich zurück? Der Wunsch war groß, aber ich brachte ihn einfach nicht über meine Lippen. Meine Mutter nahm mir den innerlichen Kampf meiner Gefühlslage schließlich ab und sagte zu mir: „Komm wir wechseln mal, leg dich auf den Rücken und entspanne dich!“ Sie war eben die

Erfahrene,- ein Profi eben. Sie hatte genau bemerkt, dass mich die Berührungen ihrer Hände an meinen Brüsten stimulierten. Als ich auf dem Rücken lag, atmete ich schwer. Ich war erregt, aber auch Angst machte sich in mir breit. Unsicherheit. Ich zitterte. Aber als die Zunge meiner Mutter meine Brustwarzen umkreiste, wurde ich selbstsicherer. Das war ein herrliches Gefühl. „Lass es zu, Franzy!", flüsterte meine Mutter leise. „Du musst dich deinem Empfinden hingeben, keine Angst, es ist ein zärtliches Gefühl, voller Lust und Liebe!" Ich schloss meine Augen und versuchte, mich dem Gefühl, das mir fremd, aber angenehm war, hinzugeben. Ihm zu vertrauen und meiner Intuition zu folgen. Der Intuition, dass Sex und zärtliche Spiele etwas Natürliches waren. Meine Mutter spielte mit ihrer Zunge um meine kleinen Brüste herum ein herrliches Zungenspiel. Sie leckte und knabberte mit den Zähnen an den Brustwarzen, dass mir heiß wurde. Sie tat das im Wechsel. Sie spürte genau, was mich besonders erregte und reizte es bis zum Gipfel meiner Lust aus. „Du hast wunderschöne Brüste!", wisperte meine Mutter, während sie mich verwöhnte. Ihre nackten Brüste berührten meinen Bauch und wippten auf ihm auf und ab. Sie kitzelten mich etwas und ich musste mir das Lachen verkneifen. „Wenn du lachst, muss ich dich bestrafen, Franzy! Warst du ein böses Mädchen?" Meine Mutter biss mir plötzlich unsanft in meine „Nillen" hinein. Während sie zuvor sehr zärtlich und sanft mit meinen Brüsten umgegangen war, forderte sie mich schlagartig heraus. Ein Schmerz durchfuhr meinen Körper und es kribbelte tief in mir. Es glich einem elektrischen Schlag, den sie mir verpasst hatte. „Aufhören!", japste ich. „Lass es zu Franzy, es wird dir gefallen!", hauchte

Kapitel VII

Erwachsen sein

Paul willigte ein, mit mir zum Shoppen zu gehen. Meine Mutter gab ihm die Anweisung, mir vernünftige Unterwäsche zu kaufen, weil ich jetzt eine Frau war und er mich begleiten musste, um mich zu beraten und natürlich auch, um die Brieftasche zu zücken! Paul war in unserer Familie sozusagen der Mann für gewisse oder sogar alle Fälle und ich hatte Vertrauen zu ihm. Für mich bedeutete das kein Problem, dass er mit mir „Dessous“ kaufen und aussuchen sollte. Dass Paul sich natürlich gedanklich schon vorher aufgegeilt hatte, das konnte ich nicht wissen. Meine Mutter hatte darüber wahrscheinlich auch nicht nachgedacht oder aber es war ihr egal. Wahrscheinlich war es ihr egal, denn ihr war so vieles egal in ihrem Leben. Als ich in der Kabine stand und die vielen

Büstenhalter und Höschen probierte, wartete Paul artig vor der Gardine, die ich zugezogen hatte. „Magst mir nicht mal zeigen, wie es aussieht?“, fragte er ungeduldig. „Na klar“, rief ich aus der Kabine. Ich schob den Vorhang beiseite. Stolz präsentierte ich einen dunkelroten BH und ein schickes, dazu passendes Unterhöschen. „Wow!“, grinste Paul und er bekam große Augen. Einige Male musste ich mich vor ihm im Kreis drehen, damit er auch ja genau alles ansehen konnte. Dann griff er mir an den BH. „Der könnte aber ein wenig enger sitzen Franzy“, den solltest du eine Nummer kleiner nehmen!“ Soll ich mal nachsehen, ob es ihn eine Größe kleiner gibt? Ungeniert warf er einen Blick auf meine Brüste, während er in den BH gaffte. Ich betrachtete mich im Spiegel. Ja, eine Nummer kleiner würde besser sein und Paul besorgte brav die andere Größe. Während ich mich umzog, warf er einen Blick durch den Vorhang. „Ah, ich dachte du bist schon so weit“, entschuldigte er sich und blickte geniert zur Seite. „Paul“, meinst du ich habe schöne Brüste?“, fragte ich skeptisch. Paul wurde ganz nervös, nachdem ich ihm die Frage gestellt hatte und er blickte mich mit gierigen Augen an. „Zeig mal“, lass mal sehen“, sagte er und ich drehte mich zu ihm um. Entblößt stand ich vor ihm. Splitternackt. Paul schluckte einige Male. Ich sah seinen „Kropf“ am Hals vom Kehlkopf hervortreten, als er nervös meine Brüste begutachtete. Mit zittrigen Händen griff er plötzlich an diese. Ich ließ es zu. „Sie sind wunderbar, so schön klein und fest!“, stotterte er. „Männer mögen doch alle lieber große Brüste!“, fragte ich erstaunt. Ich glaubte, Paul hätte mich angelogen und erhoffte mir sehnlichst, meine Brüste würden bald wachsen. „Nein nein, es gibt auch Männer, die mögen so

hübsche zarte Pfirsiche, eine Handvoll genügt völlig! So schön fest und stramm, wunderbar sind sie Franzy, deine Brüste!" Paul schien ganz hin und weg. Ihm schenkte ich Glauben. Er klang ehrlich. Trotzdem wollte ich größere Brüste haben. Wenn ich eine erwachsene Frau bin, so überlegte ich, meine Brüste aber immer noch so klein wären, dann würde ich mir eben größere Brüste machen lassen. Im Fernsehen hatte ich das gesehen, dass man im Krankenhaus größere Brüste bekommen konnte. „Wenn ich erwachsen bin Paul, dann lasse ich mir ganz große Brüste machen!" Paul schaute entsetzt. „Aber das kostet sehr viel Geld Franzy und deine Brüste sind wirklich in Ordnung und sie wachsen ja auch noch, immerhin bist du erst 13 Jahre alt. Da kommt noch was!" Ja, das hoffte ich doch! Meine Periode hatte ich schon seit einem halben Jahr. Damals hatte ich mich sehr erschrocken, als ich auf der Toilette saß, weil ich von fürchterlichen Bauchschmerzen geplagt war und in der Kloschüssel, nachdem ich Pippi gemacht hatte, auf einmal alles voller Blut war. Erschrocken lief ich zu meiner Mutter. Sie reichte mir eine Packung Tampons. „Hier, schieb dir mal so n Ding unten rein, damit du nicht alles voll blutest!", sagte sie. „Unten rein? Wo unten rein?", fragte ich hilflos. „Na in deine Scheide du Dummerchen!" Meine Mutter reichte mir einen Handspiegel und schickte mich ins Badezimmer. „Sieh es dir an!" Ratlos saß ich auf dem Rand der Badewanne und rutschte ein Stück weiter nach vorne, sodass ich mir den Spiegel zwischen meinen Beinen hindurch unter meinen Scheidenbereich halten konnte. Merkwürdig sah das aus, was ich betrachtete. Zwei rosafarbene Lippen. Mit meinem Finger puhlte ich zwischen ihnen und suchte nach dem Loch, das

angeblich meine Scheide sein sollte. Als ich es fand, führte ich vorsichtig meinen Finger hinein. Es war eng. Ziemlich eng. Wie sollte denn dort der Tampon bitteschön reinpassen? „Mama, das ist viel zu eng!", rief ich durch die geschlossene Badezimmertür. Der passt dort gar nicht rein! „Quatsch nicht Franzy, du musst den Eingang mit deinem Finger etwas weiten, dann passt auch der Tampon rein!" „Also so richtig heftig in dem Loch rumwühlen?", fragte ich und konnte mir das beim besten Willen nicht vorstellen. Ich erinnerte mich, dass meine Freundin in der Schule erzählt hatte, dass sie Binden benutzen würde, weil sie mit Tampons nicht zurechtkam. „Haben wir keine Binden?", rief ich. „Franzy verdammte Scheisse, durch das Loch, welches du als zu klein für einen Tampon empfindest, da passt der Körper eines Babys hindurch! Jetzt stell dich mal nicht blöder an, als du bist, okay?" Und wenn du Binden brauchst, dann geh dir welche kaufen!" Entsetzt war ich. Der Körper eines Babys passte durch den kleinen Schlitz? An dem Tag gelang es mir nach mehreren Versuchen irgendwie, den Tampon in das Loch einzuführen. Wenn dort tatsächlich ein Baby hindurch passte, musste solch ein kleiner Tampon auch reingehen. Meine Finger waren voller Blut, der Tampon hatte aber sein Ziel erreicht. Nachdem ich aus dem Badezimmer kam, rief mich meine Mutter an den Küchentisch. Küchentisch... Besprechung! Familienrat! „Franzy, du bist jetzt erwachsen!" Meine Mutter holte tief Luft. Ich möchte dir ein paar Dinge mit auf den Weg geben. „Du wirst bestimmt irgendwann sexuelle Erfahrungen machen und ich möchte nicht, dass du mir ein Kind mit nach Hause bringst! Du musst verhüten, wenn du mit einem Jungen schläfst!" „Ja, wir werden

Kondome benutzen!“, erwiderte ich. In der Schule hatte man uns bereits aufgeklärt. „Und was tust du, wenn der Junge keine Kondome dabei hat oder er keine benutzen möchte?“ „Dann schlafe ich eben nicht mit ihm!“, entgegnete ich. Ich war doch nicht dumm. „Wir können auch mit dir zum Frauenarzt gehen und dir die Pille verschreiben lassen, aber dafür bist du noch ein wenig zu jung! Also, sieh zu, dass du Kondome benutzt!“ Meine Mutter gab mir eine Packung Kondome. „Ich habe noch gar keinen Freund Mama!“ Meine Mutter machte eine abweisende Handbewegung. „Da kommst du schneller dran als an 5 Mark!“ In meiner Schulklasse gab es einige Jungs, die ich wohl ganz gut leiden mochte, aber mit denen Sex zu haben? Das konnte ich mir nicht so wirklich vorstellen. Abends lag ich im Bett und dachte an das Gefühl „Orgasmus“. Ein Gefühl, nachdem ich mich sehnte. Wie konnte ich zu ihm gelangen? Nein, ich wollte meine Mutter nicht darum bitten, mich in ihr Bett zu lassen und ich wollte auch nicht, dass sie wieder an mir rumspielte. Jemand anderes sollte an mir rumspielen und mir das Gefühl verschaffen. Aber wer? Jeden Tag betrachtete ich mich im Spiegel. Skeptisch sah ich meine Brüste an. Nein, wirklich größer wurden sie nicht. Vielleicht würde mich ein Junge aus unserer Klasse ansprechen, wenn ich womöglich größere Brüste hätte? In meinen BH stopfte ich mir hoffnungsvoll Taschentücher. Verteilte alles schön und zog mir ein hautenges T-Shirt an. Der Blick in den Spiegel war zufriedenstellend. Aufreizend lief ich einige Tage durch die Schule und bald fiel es etlichen Jungs auf, dass meine Brüste doch größer waren als die der anderen Mitschülerinnen. Neugierige Blicke begleiteten mich. Einen der Jungs, sein

Name war Patrick, fand ich ganz okay und ich stellte mir vor, wie das wäre, wenn er meinen Körper berühren, mich streicheln und meine Brüste lecken würde. Er war großgewachsen, hatte einen schönen Mund und schien eigentlich ein netter Typ zu sein. Lasziv spazierte ich um ihn herum. In der großen Pause auf dem Schulhof und wenn wir in der kleinen Pause in der Klasse auf den Lehrer warteten. Ich beugte mich aufreizend vor seinem Tisch stehend zu ihm herunter und fragte: „Hättest du nicht mal Lust, mich zu Hause zu besuchen?“ An dem Tag trug ich ein Shirt mit besonders tiefem Ausschnitt. Die Taschentücher hatte ich gut verteilt, die konnte er nicht sehen. Die steckten seitlich und unterhalb meiner Brüste im BH, dadurch wurden sie angehoben, ein Push-Up-Effekt entstand. Patrick antwortete nicht sofort, stattdessen blickte er auf meinen prallen, zusammengeknallten Busen. Sein Blick schien interessiert. „Du bist doch so gut in Mathematik, ich brauche ein wenig Hilfe!“, log ich. Es gelang mir, Patrick zu überzeugen, dass ich Nachhilfe in Mathematik brauchte und nachdem mir meine Mutter das Okay gegeben hatte, dass er mich zuhause besuchen durfte, lud ich ihn ein. Tatsächlich kam er...Meine Mutter hatte sich an dem Tag mal wieder besonders aufgedonnert. Hautenge Leggins, pinkfarbenes, knallenges T-Shirt mit tiefem Ausschnitt, unter dem sie keinen BH trug. Ihre Knospen traten spitz unter dem Shirt hervor. Sie hatte meine kleine Schwester noch nicht gestillt. Dadurch waren ihre Brüste prall und sie musste sie nicht in einen Büstenhalter packen, weil sie allein durch die drückende Milch gut in Form gehalten wurden. Meine Mutter öffnete Patrick die Tür. Sie wollte natürlich sehen, wen ihre Tochter

eingeladen hatte. Patrick lief knallrot an, als er meiner Mutter in der Tür begegnete. „Hallo junger Mann, dann komm mal rein!", sagte meine Mutter. Lässig dirigierte sie Patrick in mein Zimmer. Ein Spültuch, das ihr aus der Hand glitt, hob sie auf. Sie bückte sich direkt vor dem regungslosen Patrick zu Boden, griff nach dem Tuch und dem armen Patrick offenbarte sich der gesamte Dekolleté Ausschnitt meiner Mutter. Sie blickte ihn an und leckte mit der Zunge über ihre Lippen. „Entschuldigt mich bitte ihr beiden, Franzys Schwester Jolene hat Hunger, ich muss sie an die Brust legen!" Patrick, dem es die Sprache verschlagen hatte, nickte erschrocken und er schien sichtlich erleichtert, als sich die Tür zu meinem Zimmer schloss. Er ließ sich auf mein Bett plumpsen. „Deine Mutter ist aber crazy", stellte er fest. Nachdem wir tatsächlich ein wenig Mathematik geübt hatten, ging ich in die Vollen. Hast du schon mal mit einem Mädchen geschlafen?", fragte ich ihn. „Ja klar!", prahlte Patrick. „Hast du Lust mit mir zu schlafen?" Patrick und ich saßen uns gegenüber an meinem Schreibtisch und er sah mich entsetzt an. Knallrot wurde er. „Ich finde es geil, wenn mir jemand zeigt, wie es geht, schwärmte ich. Ich habe es nämlich noch nicht getan, aber ich hatte schon zwei Mal einen Orgasmus!" „Wie kannst du einen Orgasmus haben, wenn du nicht mit einem Jungen geschlafen hast?" „Man muss nicht unbedingt mit jemandem schlafen, um einen Orgasmus zu bekommen!", klärte ich Patrick auf. Er schien weniger über Sex zu wissen, als ich und dabei hatte er doch schon mit einem Mädchen geschlafen. Wie konnte das sein? Bestimmt hatte er gelogen. „Du hast gelogen!", sagte ich. Du hast noch gar nicht mit einem Mädchen geschlafen!" Patrick nickte mit hängendem

Kopf. „Ich wollte nicht als der Loser dastehen!“ Ich stand auf und ging zu Patrick. Setzte mich auf seinen Schoß. Wir blickten uns an. Seine Hände legte ich um meine Hüften. „Magst du mich küssen?“ „Ja“, nickte er. Zum ersten Mal küsste ich einen Menschen auf den Mund. Meine Mutter hatte ich niemals geküsst, zumindest konnte ich mich nicht daran erinnern. Dass sie mich geküsst hätte, auch nicht. Nach einigen misslungen Versuchen klappte das Zusammenspiel zwischen meinen und Patricks Lippen sehr gut und es machte mir Spaß. Unsere Küsse wurden wilder. Ich griff zwischen Patricks Beine. Nachdem ich einige Male mit meiner Hand zwischen seinen Oberschenkeln entlanggefahren war, spürte ich, dass sich hinter seinem Reißverschluss sein Penis aufwölbte. Mit meiner Handfläche massierte ich den Hügel in seiner Hose. Patrick stöhnte leise. Behutsam nahm ich seine Hand und legte sie an meine Brüste. Vorsichtig massierte er meinen Busen durch das T-Shirt, während ich seinen Penis stimulierte. „Sollen wir uns ausziehen?“, fragte ich. „Deine Mutter?“ fragte Patrick ängstlich. „Wenn sie uns sieht?“ Den Schlüssel in meiner Zimmertür drehte ich um. „Zieh mich aus!“, befahl ich und streckte die Arme nach oben. Mit zittrigen Fingern zog mir Patrick das T-Shirt über den Kopf und öffnete meinen BH. Seine Unerfahrenheit erregte mich. Er ließ sich von mir steuern und dirigieren. Dabei hatte ich selbst kaum Ahnung, was kommen würde, aber ich wusste, ich wollte einen Orgasmus haben. Unbedingt. Als ich mit nacktem Oberkörper vor ihm stand, sagte ich: „Küss meine Brüste! Lass deine Zunge an ihnen tanzen.“ Wir standen in meinem Zimmer seitlich vor dem Ganzkörperspiegel, der an der Wand befestigt war und ich konnte in ihm sehen, wie

Patrick meine Brüste küsste. Meine Arme legte ich hinter den Nacken. Im Spiegelbild verfolgte ich unsere Bewegungen. Beugte meinen Oberkörper weiter nach hinten und streckte mich. Je gerader mein Körper in der Linie wurde, desto mehr stellten sich Patrick meine spitzen Brüste entgegen. Abwechselnd leckte er an ihnen und saugte sich an meinen Nippeln fest. Das wunderbare Gefühl stieg in mir auf und ich wusste, ich wollte mehr...„Zieh dich aus!" Patrick ließ widerstandslos die Hose fallen. „Die Unterhose auch!", dirigierte ich ihn. Patrick stand nackt vor mir. Seine Hand nahm ich und führte ihn zu meinem Bett. Die Packung Kondome hatte ich in der Schublade vom Nachttischschrank liegen. Patricks Penis war klein und handlich. Zu groß hätte ich vielleicht für mein erstes Mal auch nicht gemocht. Auch wenn ich mir große Brüste wünschte, hieß das noch lange nicht, dass der Mann, der mich befriedigen sollte, mit einem großen Penis ausgestattet sein musste. Das war das erste Mal für mich, dass ich einen Penis in der Hand hielt. Ich streichelte und massierte ihn, schob die Vorhaut zurück. An Patricks Regungen erkannte ich, wann es gut und wann es weniger gut war. Wenn er sich wohlig streckte, war es gut. Wenn er zuckte, war ich zu fest mit meiner Hand. Da ich es gern mochte, wenn meine Brüste gelutscht und geleckt wurden, mochte er es wahrscheinlich auch, wenn ich seinen Schwanz lutschen würde. Ohne zu zögern nahm ich seinen Penis in den Mund und umkreiste ihn mit meiner Zunge. Patricks Regungen wurden hektischer, eine schleimige Flüssigkeit schmeckte ich in meinem Mund. Fester saugte ich. Wie besessen war ich, Patrick ein gutes Gefühl zu beschaffen. „Zieh mir schnell ein Gummi drüber und setz dich auf ihn,

sonst komme ich gleich schon!" Noch nie hatte ich einem Jungen ein Kondom über den Penis gestreift und dazu brauchte ich einige Versuche. Patrick nahm es gelassen und wir lachten. Er zeigte es mir. „Ich habe mir oft schon eins drüber gezogen, damit ich es im Ernstfall kann!", erläuterte er und zog sich dabei das Gummi über seinen Penis. Ich sah genau hin. Für das nächste Mal wollte ich das auf jeden Fall selber können. Etwas peinlich war es mir, dass es mir nicht gleich gelang, das Kondom überzustreifen. Die Angelegenheit, mich auf den steifen Penis zu setzen, gestaltete sich noch schwieriger. Patrick lag mit dem Rücken auf dem Bett. Dass er in meine Scheide hinein musste, wusste ich. Aber mit dem Loch, dem Eingang, das war so eine Sache, das hatte ich bereits mit dem Tampon erfahren. Mit meinen Fingern suchte ich den Eingang zu meiner Vagina. Als ich ihn fand, dehnte ich die Scheide. Genauso, wie ich es getan hatte, bevor ich mir den Tampon während meiner Menstruation hineingeschoben hatte. Patrick ergriff mit einer Hand seinen Penis und hielt ihn fest. In meine Hand spuckte ich und schmierte mir die Flüssigkeit in meinen Scheidenbereich. So musste es klappen. Patricks Penis drang in mich ein. Welch ein Gefühl. Meinen Oberkörper neigte ich zu seinem. Meine Brüste berührten sein Gesicht und er spielte mit seiner Zunge an meinen Brustwarzen. Ich konnte ihm dabei zusehen. Meinen Unterkörper bewegte ich, während sein Penis in meiner Scheide steckte. An ihm reiben wollte ich meine Vagina. Ein geniales Gefühl. Leider erlitt Patrick durch meine Bewegungen sofort einen Samenerguss. Durch das Kondom konnte ich es nicht spüren. Ich wunderte mich, dass der Penis nicht mehr wirklich in meiner Scheide steckenblieb, sondern

schlaff aus ihr herausrutschte. „Entschuldige bitte, ich bin schon fertig!“, sagte Patrick erschöpft. Wütend war ich. Ich wollte doch auch was von dem guten Gefühl abhaben. Einen Orgasmus wollte ich. „Du musst an meinem Busen lecken und ihn streicheln!“, forderte ich energisch. Patrick gab sich große Mühe, aber es gelang ihm nicht, meinen Körper in Wallung zu bringen, wie es meine Mutter vor wenigen Tagen geschafft hatte. Enttäuscht zog ich mich an und verabschiedete Patrick. Ich wollte ihn nicht mehr sehen. Nach Hause sollte er gehen. „Was für ein Penner“, dachte ich. Erwachsensein war doch nichts für Anfänger!

Kapitel VIII

Der Toilettensklave

Einer der Freier meiner Mutter war ein sogenannter „Toilettensklave“. Ein Typ, der einen Toilettenfetisch hatte. Ein Mensch, der auf Blut, Urin, Kot und sonstiges stand, eben alles, das sich in dem Toilettenbereich ansammelte. Ein Mensch, der es liebte, die mit Blut vollgesogenen Tampons meiner Mutter zu lutschen, wenn sie ihre Periode hatte. Heimlich beobachtet hatte ich ihn. Wenn er zu uns kam, dann bekamen wir Kinder immer einen Horrorfilm live serviert. Mein Bruder hatte es sich auch einige Male angesehen, wie der Typ die Tampons unserer Mutter leckte und lutschte. Meine Mutter hatte den Tampon in eine Frischhaltefolie gewickelt und ihn durch den Spalt der Toilettentür geworfen. Es erinnerte mich an eine Szene aus dem Zoo, in der man

hungrigen Tigern oder Löwen ihr Futter zuwarf. Der Typ kniete nackt auf den Fliesen und packte den Tampon aus, den ihm meine Mutter zuvor hingeworfen hatte. Genussvoll steckte er ihn in den Mund. Bemalte seine Lippen mit dem frischen Blut aus der Scheide meiner Mutter. Unserer Mutter war das völlig egal, dass wir Kinder den Kerl heimlich beobachteten. Wie immer war sie zu sehr mit sich selbst beschäftigt, anstatt uns davon abzuhalten, dass wir uns an den perversen Aktionen in unserem Haus „labten“. Mein Bruder wollte sich das irgendwann nicht mehr mit ansehen und ich blieb alleine in Beobachtungsposition. Natürlich empfand ich Ekel, zu beobachten, wie sich ein fremder Mann in unserem Badezimmer einen blutdurchtränkten Tampon in den Mund schob. Aber das Verbotene, das Unerforschte, das Perverse, das war es, was den Reiz auslöste in mir, doch weiter hinzusehen. Wenn im Fernsehen ein Horrorfilm lief, wollten wir auch gern hinschauen, obwohl unsere Mutter uns das verboten hatte. Sie hatte so vieles verboten, aber wirklich ernst gemeint hatte sie irgendwie gar nichts. Es interessierte sie doch auch nicht, dass wir spät abends vor dem Fernseher saßen und heimlich „Friedhof der Kuscheltiere“ ansahen und ich vor lauter Angst nicht mehr einschlafen konnte. Besonders dann, wenn ein Verbot ausgesprochen wurde, erlag ich der Versuchung, dieses Verbot nicht ernst zu nehmen. Ein normales menschliches Verhalten. Kindliche Neugier. Obwohl ich immer wieder betonen möchte, mit meinen 13/14 Jahren fühlte ich mich bereits völlig erwachsen. Da konnte mich auch nichts mehr abschrecken. Dass der Typ mit der Zahnbürste unsere Toilette schrubbte und sich danach mit selbiger die Zähne putzte, war wohl das kleinste Übel an dem Kerl.

Dass er mit der Zahnbürste über den blutigen Tampon hin und her kratzte und sich auch damit noch die Zähne putzte, war die härtere Nummer. Das Abartigste seiner perversen Vorlieben war, dass er es liebte, meiner Mutter ihre Vagina zu lecken, wenn sie ihre Menstruation hatte. Meine Mutter ließ sich das gefallen. Sie lag in ihrem Bett, der Typ schmatzte zwischen ihren Beinen und als sie fertig waren, war das ganze Bettlaken voller Blut. Nicht nur das Bettlaken, auch der Mund von dem Mann. Einmal sagte er zu meiner Mutter, sie sollte ihn küssen. „Küssen auf den Mund ist generell nicht drin!“, antwortete sie lapidar. „Ach komm schon, stell dich nicht so an, ich bezahle auch extra!“ Wie oft hatte ich die Worte von einem der Freier meiner Mutter gehört?! „Ich bezahle auch extra!“ Wenn meine Mutter sich bei einigen Praktiken dann doch sträubte, sie auszuführen, probierten die Herren auf Biegen und Brechen, sie rumzukriegen. Im Notfall wedelten sie mit den Geldscheinen. Sie erinnerten mich an kleine Kinder, die rumjammerten: „Ach Mami, ich will aber ein EIS!“ In der Hinsicht blieb meine Mutter hart. Küsse auf den Mund waren die absolute Ausnahme. Oftmals überlegte ich fieberhaft, wie ich die Reitstunden, die ich gerne genommen hätte, bezahlen konnte. Es kam mir eine Idee. Der Toilettensklave lutschte doch so gerne Tampons...Eines Tages verließ dieser Typ unser Haus, nachdem er seine perversen Phantasien bei meiner Mutter ausgelebt hatte und ich lief ihm nach. An einer Hausecke fing ich ihn ab. Er wollte gerade sein Auto aufschließen, das am Straßenrand geparkt war. „He, Sie!“, rief ich ihm zu. Erstaunt sah er mich an. Er wusste genau, wer ich war. „Was willst du von mir?“, fragte er in einem finsteren Ton. „Ich brauche Geld!“, gestand ich.

„Geld?“, fragte er neugierig. „Wofür?“ „Für meine Reitstunden!“ Meine Mutter will sie nicht bezahlen und mein Taschengeld reicht nicht. „Aha!“ Der Mann wirkte etwas freundlicher. Sein Blick lichtete sich. „Okay, dann schieß los, was willst du also tun, um an Geld zu kommen und wie spiele ich dabei eine Rolle?“ Ein schmieriges Lächeln umspielte seine Lippen. Ich war erstaunt, woher wusste er das so genau, worum es mir ging. „Sie lutschen doch so gerne Tampons!“, sagte ich. „Komm, steig mal in mein Auto ein, das muss ja nicht jeder auf offener Straße hören, oder?“ Der Typ hielt mir die Autotür auf. Ich zögerte. Von zuhause aus war ich erzogen worden, niemals mit Fremden mitzugehen, sich von ihnen auch nicht in ein Gespräch verwickeln zu lassen, geschweige denn in ihr Auto einzusteigen. Gut, was machte es schon. Ich brauchte das Geld, also stieg ich ein. „Du würdest mir also deine Tampons geben?“ Der Toilettensklave wie ich ihn seit jeher nannte, zündete sich eine Zigarette an und inhalierte den Rauch tief ein. Er hielt sie mir hin. „Möchtest du mal ziehen?“ „Nein!“, entgegnete ich. Zigaretten lehnte ich von Grund auf ab. Er formte seinen Mund zu einem O und blies den Qualm hindurch. Ein grauer Kringel durchzog das Auto. Er lachte schäbig. Ich staunte über die Dunstwolke. Wahrscheinlich würde er bald an Lungenkrebs sterben. Hoffentlich würde er richtig elendig verrecken dieser Schweinehund. Blutsaugender Tamponlutscher. „Würdest du mir auch dabei zusehen, wie ich sie lutsche?“, fragte er interessiert. Ich nickte. Ja, klar. Ich hatte doch immer heimlich zugeschaut, wenn er die Dinger schmatzte. Das wusste er bloß nicht. „Gut, ich bezahle deine Tampons und ich bezahle, wenn du mir bei gewissen Sachen

Als ich aus dem Auto stieg und nach Hause lief, dachte ich, was für ein Idiot. Zahlte der Toilettensklave tatsächlich Geld dafür, dass er blutige Tampons lutschen durfte und extra Kohle, wenn ich dabei zuguckte. Meine Reitstunden hielt ich für gesichert. Natürlich erzählte ich niemandem von meiner Idee. Selbst meiner besten Freundin nicht. Patrick war bereits seit längerer Zeit krank, nachdem ich ihn bei mir zuhause gnadenlos „entsorgt“ hatte, weil er ein dämlicher Versager war. Er fehlte plötzlich in der Schule. Eines Tages war er aber wieder da. In der Pause schnappte ich ihn mir. Mit ihm hatte ich noch eine Rechnung offen. „Du kleiner erbärmlicher Hosenscheißer, kannst noch nicht einmal eine Frau befriedigen!“ Immer noch ärgerte ich mich, dass er nicht in der Lage gewesen war, mir einen Orgasmus zu verpassen, den ich doch so dringend nötig gehabt hätte. Beinahe so nötig wie einen Schuss Drogen. „Und du kleines blödes, dämliches Nuttenkind!“, schrie er mich an. Mit seinen Worten traf er mich nicht mehr. Die Zeiten waren vorbei, dass mich jemand damit verletzen konnte. Ja, dann war ich eben ein Nuttenkind. In meinen Augen war ich eine Frau, ausgestattet mit sexuellen Gelüsten und ich hatte Patrick dadurch wunderbare Lustgefühle geschenkt, während er bei mir in der männlichen Rolle, einen Orgasmus auszulösen, kläglich versagt hatte. Was für ein erbärmlicher Tittenlutscher er doch war und selbst das beherrschte er nur miserabel. Denn auch dabei war mir keiner abgegangen. „Nicht mal wenn du meine Titten leckst, kriege ich einen Orgasmus!“ Ich spuckte ihm ins Gesicht. Entsetzt wischte sich Patrick über seine Wange. „Blöde Kuh!“, schrie er mir hinterher. Wie konnte ich zu meinem nächsten Orgasmus gelangen?

Hunger zu haben, ihr Mündchen suchte nicht nach der Brust. Gleich würde die Kleine staunen. Heute war der Tag, an dem auch aus meinen Brüsten leckere Milch kommen sollte. Achtsam nahm ich das Fläschchen und tröpfelte einige Tropfen lauwarme Milch auf meinen Busen. Die Milch lief den Hügel hinunter und blieb an der Brustwarze hängen. So erging es dem nächsten Tropfen und auch dem Übernächsten. Eine kleine Milchlache hatte sich an meiner Knospe gebildet und lief nach einer Weile seitlich den Rest des Weges hinunter bis zu meinem Bauchnabel. Dort sammelte sich die Milch. Während ich meine milchverschmierte Brust betrachtete und Jolene im Arm hielt, wurde ich geil. Jolene zappelte ein wenig. Sie hatte den Geruch der Milch wahrgenommen. Unruhig wurde sie. Ich hielt sie zunächst zurück. Je verrückter sie wurde, je mehr Hunger sie verspürte, desto energischer würde sie gleich an meiner Brust saugen wollen. Sie quiekte leicht. Energiegeladen war das kleine Menschenbündel. „Ah, jetzt bist du doch auf den Geschmack gekommen, was?“ Ich kippte ein wenig von der Milch nach. Als das Gezappel von Jolene nicht mehr auszuhalten war, ließ ich sie ran an meine Brust. Gierig zuppelte sie an meiner Brustwarze. Mit meinem Finger dirigierte ich die nachlaufende Milch in Jolenes Mundrichtung. Das war eine ziemlich anstrengende Prozedur und weil es Kraft erforderte, kam ich nur langsam auf Touren. Einen Moment lang wartete ich und ließ Jolene saugen, ohne Milch nachlaufen zu lassen. Gedanklich stellte ich mir vor, dass ich ein eigenes Kind und große, gefüllte Brüste hätte und wie das Kind an ihnen saugen würde. Welch ein wohliges Gefühl. Wie immer, wenn ich diese Szene in meinem Kopfkino durchspielte. Mein Busen, das lernte ich schnell, war mein

empfindlichster Körperteil. Dort verspürte ich die beste Erregung, um zum Orgasmus zu kommen. Dass dem nicht so war, dass es noch ganz andere Körperstellen an mir gab, durch deren Berührung ich zum Orgasmus gelangen konnte, das war mir als 13 jähriges Kind nicht vertraut. Der Orgasmus kam über mich. Während Jolene nuckelte und nuckelte und ich mir vorstellte, riesengroße Brüste zu haben, die jedes Babyherz höher schlagen ließen, ergoss es sich nass zwischen meinen Beinen und erleichtert atmete ich durch. Erst mal hatte ich zunächst meine Portion Befriedigung erhalten. Jolene erlitt leider, nachdem sie die Milch aufgenommen hatte, eine fürchterliche Kolik. Dass sie die Milch aus dem Discounter gar nicht vertragen konnte, wusste ich natürlich nicht. Mitten in der Nacht kam der Notarzt zu uns nach Hause, weil Jolene schrie wie am Spieß. Vor Schmerzen. Meiner Mutter erzählte ich natürlich nicht, was passiert war. In dieser Nacht hatte ich fürchterliche Angst, meine kleine Schwester müsste sterben und ich wäre schuld gewesen an ihrem Tod. Ich betete zu Gott, er möge Jolene nicht zu sich holen. Meine Mutter war ganz außer sich. Der Notarzt verpasste dem Baby eine Spritze und Gott sei Dank beruhigte sich Jolene wenig später. Von dem Tag an nahm ich mir vor, nie wieder derartige Spielchen mit meiner kleinen Schwester zu veranstalten. Dennoch überlegte ich, wie ich weiterhin an meine Orgasmen kommen könnte. Patrick war zu vergessen. Er hatte viel zu wenig Erfahrung. Ich war mir sicher, dass ich jemanden brauchte, der in dem Kapitel der Sexualität auf dem neuesten Stand der Dinge war. An den Toilettensklaven dachte ich. Stellte mir gedanklich vor, wie er nicht nur meine blutigen Tampons, sondern auch meine Brüste lecken und an

ihnen saugen würde. Wenn er dafür sogar noch Geld bezahlen würde, damit ich meinem Hobby dem Reiten nachgehen konnte und ich obendrein noch meine Orgasmen bekäme, wäre das eine geniale Idee. Da würde ich 2 Fliegen mit einer Klatsche schlagen. Um das herauszufinden, musste ich ihn ganz einfach fragen. Ob er bereit gewesen wäre, auf meinen Deal einzugehen. Erfahrung hatte er bestimmt eine Menge. Meine Mutter hatte ihm ja schon einige wichtige Dinge beigebracht, denn er kam bereits seit vielen Monaten zu uns nach Hause. Wenn er das nächste Mal kommen würde, musste ich ihn also fragen...

Kapitel IX

Gefährliche Spiele

Der Toilettensklave kam wieder. Recht bald schon, kurz nachdem wir das Gespräch in seinem Auto hatten. Als er bei meiner Mutter einen „Termin" wahrnahm, öffnete ich ihm die Wohnungstür. Es schien mir, als hätte er gehofft, dass ich ihn hereinlassen würde und nicht unsere Mutter. Er lächelte mich an und lugte neugierig um die Ecke, als er im Flur stand. Ich glaube, er wollte sich vergewissern, dass niemand beobachten konnte, wie er mir den kleinen, zusammengeknüllten Zettel in die Brustbeuteltasche meines Pullovers steckte. Er grinste mich geheimnisvoll an. Mein Verbündeter war er. In meinem Zimmer las ich neugierig den Zettel. In die Dänenstraße sollte ich kommen, nächsten Donnerstag gegen 14 Uhr. Bei Sanders klingeln. Aha, okay!

Dort werden wir beide also wahrscheinlich unsere Abmachung einlösen. Hatte ich Angst, hinzugehen? Ja, etwas schon. Aber ich dachte an meine Reitstunden. Vielleicht könnte ich mir so viel Geld verdienen, dass ich mir bald ein eigenes Pferd leisten konnte. Da hätte meine Mutter aber Augen gemacht. Unser Garten wäre groß genug gewesen, um ein Pferd zu halten. „Paul", der Freier meiner Mutter würde mir bestimmt einen Stall in den Garten bauen. Ich fragte ihn, als er das nächste Mal zu uns kam. „Paul", wenn ich ein eigenes Pferd hätte, würdest du mir einen Stall bauen?" Paul lachte ziemlich verdutzt. „Ein Pferd? Ein eigenes Pferd? Ganz für dich allein, Franzy? Ja aber na klar würde ich dir einen Stall zusammenzimmern!" Paul staunte nicht schlecht, als ich ihm berichtete, dass ich auf ein Pferd sparte. Okay, also die Sache wäre gebongt. An besagtem Donnerstag machte ich mich nachmittags nach der Schule auf den Weg in die Dänenstraße. Ich hatte mir ein aufreizendes Kleid angezogen. In knallrot. Zu meinem blonden Lockenkopf passte das gut. Die schöne neue Unterwäsche dazu, die Paul mir gekauft hatte und über den Ausschnitt des Kleids hatte ich meinen Kapuzenpullover angezogen, damit nicht gleich jeder in meinen tiefen Ausschnitt sehen konnte. In dem Outfit klingelte ich an besagter Tür. Das Haus lag ziemlich einsam und verlassen. Die Dänenstraße war etwas außerhalb unseres Ortes. Einige Kilometer hatte ich mit meinem Fahrrad zurückgelegt, um sie zu erreichen. Sie lag außerhalb unserer Wohnsiedlung. Der Türsummer erklang und ich drückte die alte schwere Tür auf. Mein Herz schlug schneller. Angst spürte ich, als die Tür aus dem Rahmen sprang und ich in den Flur hineintrat. Es roch nach Bohnerwachs. Direkt im untersten Stockwerk öffnete

sich eine Wohnungstür. In dem Haus gab es 5 Parteien. Das hatte ich der Klingelreihe an der Hauswand draußen entnommen. Ich sah niemanden. Die Tür stand offen, aber es war niemand zu sehen. „Hallo?“ Zögerlich rief ich in den Wohnungsflur hinein. „Komm rein! Und mach die Türe hinter dir zu, Franzy!“ Die Stimme des Toilettensklaven, den ich im weiteren Verlauf dieses Kapitels einfach mal „Sunny“ nennen möchte, kam aus einem der Zimmer. Sunny sprach leise zu mir. Die Wohnungstür zog ich hinter mir zu. Als sie ins Schloss fiel, trat Sunny aus einem der Zimmer in den Flur. „Du bist also tatsächlich gekommen, kleines Mädchen! Ganz schön mutig!“ „Ich brauche das Geld!“, erwiderte ich wahrheitsgemäß. An dem Tag hatte ich nur die Dollarzeichen in meinen Augen und dachte an mein wundervolles Pferd, das ich mir eines Tages kaufen würde. Meine Träume ließen die Angelegenheit, in der ich mich befand, ziemlich simpel und einfach erscheinen. Sunny führte mich in eines der Zimmer. Es war das Wohnzimmer. Die Rollläden waren runtergelassen. Aha, es sollte also niemand von außen in das Zimmer sehen können. „Möchtest du meine Brüste anfassen?“, fragte ich. Für einen Moment hatte ich überlegt, was ich tun oder fragen sollte, damit es endlich losging. Ich wollte es beschleunigen, damit es schnell vorbei war. Natürlich war ich unsicher. Das wollte ich Sunny aber nicht spüren lassen. „Ach, du hast doch noch gar keine Brüste!“, lachte dieser und trank einen Schluck aus dem Glas, das auf dem Tisch in der Mitte des Zimmers stand. Es roch nach Alkohol, den Geruch kannte ich zu gut. Viele Freier meiner Mutter hatten diesen Geruch an sich, wenn sie zu uns kamen. Wobei ich sagen muss, meine Mutter trank eigentlich weniger Alkohol. Zumindest tat sie es nicht

offensichtlich vor uns Kindern. „Hast du deine Tage und einen Tampon in deiner Muschi stecken?“ Ich nickte. „Jaja, ich habe ihn schon lange drin, seit heute Morgen, ich müsste ihn also eigentlich bald mal wechseln, sonst laufe ich aus oder blute auf den Teppich!“ „Oder in deinen Schlüpfer!“, beendete Sunny den Satz. Er fixierte mich von oben bis unten. Dann setzte er sich locker lässig auf den Tisch und schlang ein Bein über Kreuz auf sein anderes. Dabei hielt er das Glas mit dem Alkohol in seiner Hand und nahm einen Schluck daraus. „Weißt du, ich muss erst ein wenig auf Touren kommen, damit ich Lust verspüre, deinen Tampon zu lutschen! Und ich weiß gerade ehrlich gesagt nicht, was mir da weiterhelfen könnte. Weißt du es vielleicht, Franzy, hast du eine Idee?“ Ich schüttelte den Kopf. Ich hatte gedacht, ich würde einfach in die Toilette gehen, den blutigen Tampon rausziehen, mir einen neuen reinschieben und Sunny würde mir das Geld für die Aktion geben. Ende und fertig. Was er später mit dem Tampon machen würde, wäre nicht mehr meine Sache gewesen. „Kannst du mich beschimpfen?“ „So wie meine Mama das macht?“, fragte ich. „Genau, Franzy!“ „Ich kann es probieren!“ „Zieh mal den Pullover aus! Ein hübsches Kleid hast du an, Franzy. Wirklich, besonders hübsch! Hat das Kleid einen tiefen Ausschnitt?“ Ich nickte, während ich mir den Pullover auszog. Meine Mutter hatte immer darauf geachtet, wenn ich das Kleid in der Schule tragen wollte, dass ich ein T-Shirt unter dem Ausschnitt trug, damit ich nicht, wie sie sagte: „ Zu Aufreizend“, angezogen wäre! Heute trug ich außer meinem BH nichts drunter. Der BH war gut sichtbar. „Rotes Kleid und schwarzer BH!“ Sunny leckte sich genussvoll mit der Zunge über seine Lippen. „Ja, Kindchen, mal schauen, ob du

die Nummer bringen und dir die Kohle verdienen kannst, was?" Sunny erhob sich vom Tisch und blickte in meinen Ausschnitt. „Naja, ein wenig Möpse hast du ja! Komm mal mit!" Er nahm mich an die Hand und führte mich in sein Schlafzimmer. Über seinem Bett war ein schwarzes Lederlaken gespannt. „Leg dich aufs Bett! Und zieh dir das Höschen aus!" Ficken sie mich?", fragte ich. „Nein", keine Sorge. Darauf habe ich keine Lust Franzy, ich schlafe nicht mit Minderjährigen!" Ich legte mich zitternd auf das Bettlaken. Es war kalt. Die Hände faltete ich hinter meinem Kopf. Ich zitterte leicht. Ich wollte versuchen, entspannt zu liegen, nachdem ich mein Höschen ausgezogen hatte. „Magst du mir deine Brüste zeigen?", fragte Sunny. Er war erregt. „Du kannst dir den Ausschnitt weiter runterziehen, nimm die Träger langsam beiseite und lass sie an deinen Schultern hinab gleiten. Ganz langsam machst du das, Franzy und versuche einmal, mir dabei gemeine Worte zu sagen! Probier es mal, los komm, hopp! Beschimpfe mich!" Die Träger meines Kleids zog ich seitlich von meinen Schultern. „Du Mistkerl", sagte ich leise. „Lauter Franzy! Du musst bestimmender mit mir sprechen!" Sunnys Stimme klang ernst. „Du Hurensohn! Dreckiger Mistkerl, Arschloch, Kinderficker, Tittenlecker!" Eine ganze Palette dreckiger Wörter schoss plötzlich aus mir heraus. Die Ausdrücke kannte ich alle aus der Schule und von zuhause. Meine Mutter hatte ich oft genug heimlich beobachtet und ihr zugehört, wenn sie die Beleidigungen predigte. Sunny war deutlich erregt. Je mehr ich ihn beschimpfte, umso mehr gelangte er in Fahrt. Während ich mir die Träger des BHs ebenfalls bereits über die Schultern gezogen und meine Brüste beinahe freiliegend

hatte, fummelte Sunny an meiner Vagina herum, bis er das Bändchen des Tampons endlich erfasst hatte. Mit einem Ruck zog er den Tampon aus meiner Scheide. Bestimmt musste ich ihn kräftig weiter beschimpfen. Das schien sein Spiel zu sein. Das Spiel, das ihn geil machte. Dreckige Worte gegen Perversität. Das gab ihm den Kick, machte den Reiz für ihn aus. „Hurenbock! Nuttenkind! Tamponlutscher! Elendiger! Ausgeburt des Teufels, du!“ Ich nahm Fahrt auf. Mir fiel es leicht, die Kraftausdrücke zu verwenden. Ich wollte Sunny nicht dabei ansehen. Nachdem ich spürte, dass er meinen Tampon in der Hand hielt und schwer atmete, wusste ich, jetzt war der Moment gekommen, an dem er ihn lutschen würde. Meine Beschimpfungen durften nicht nachlassen. Ich musste weitermachen. Solange, bis mir Sunny vielleicht ein Zeichen gab, dass ich aufhören sollte. „Gottesficker“, Hurenbock, Toilettensklave, Schwanzlutscher, du dreckiger Bastard, notgeiles Arschloch!“ Alles Ausdrücke, die ich von meiner Mutter gehört und mir gut eingeprägt hatte. Das Schmatzen vernahm ich. Sunny lutschte doch tatsächlich meinen vollgesogenen Tampon. Durch meine Beschimpfungen übertönte ich dieses widerliche Geräusch, das aus dem Mund des Mannes zu hören war. Zwischendurch spürte ich einen kleinen Brechreiz in mir. Ich versuchte ihn zu unterdrücken. „Spiel dir an deinen kleinen Titten rum! Los, nimm deine Hände und befummel dich mal selbst!“ Für einen Moment staunte ich, dass von Sunny noch andere Töne als nur das ekelhafte Schmatzen zu vernehmen waren. Noch nie hatte ich selber an meinen Brüsten rumgespielt. Ich hatte sie wohl massiert, in der Hoffnung, sie würden wachsen. Aber „spielen“ war hinsichtlich der Situation, in der ich mich

befand, bestimmt etwas anderes, als „massieren“. Ich war mit meinen knapp 14 Jahren soeben erst dabei, mich selbst zu entdecken und das dazu gehörige Körpergefühl auszukosten. Bis auf das Gefühl zwei erlebter Orgasmen, kannte ich eigentlich nichts. Ich spielte also an meinen Brüsten. Der BH störte etwas. Am besten hätte ich ihn vorher ausgezogen. Denselben Gedanken hatte Sunny wohl auch, als er mich beobachtete. Denn plötzlich riss er mir den BH vom Körper. Der Verschluss sprang durch den enormen Druck einfach auf und Sunny hielt meinen nagelneuen BH, den mir Paul gekauft hatte, in seinen Händen. Mit der Nase roch er an ihm. Weil ich so erschrocken über den Vorgang war, hatte ich kurz aufgeblickt und gesehen, dass sein Mund blutverschmiert war. „Du schmeckst gut“, kleines Mädchen! Dein Fötzchen schmeckt unschuldig und unbedarft. Richtig lecker ist dein Blut. Bist du noch Jungfrau, Franzy?“ Ich schüttelte den Kopf. An den Sex mit Patrick dachte ich. „Nein!“ Sunny stand auf und warf mir den BH auf meine nackten Brüste. „Zieh dich wieder an, kleines Mädchen! Die Show ist over!“ Traurig war ich über meinen zerfetzten BH. Es war so schöne Unterwäsche gewesen. Wenn ich das nächste Mal ein Date haben würde, was sollte ich dann bitteschön anziehen? Der BH war hinüber. Als ich mich im Bett aufrichtete, war Sunny bereits verschwunden. Wahrscheinlich war er ins Badezimmer gegangen. Ich spürte, wie das Blut aus meiner Scheide sickerte. Ich brauchte dringend einen neuen Tampon. Der war in meiner kleinen Brusttasche und die lag in dem Zimmer, in dem ich zuerst gewesen war. Als ich mich vom Bett erhob, glaubte ich, mein Kleid zu verlieren. Dann hätte ich völlig nackt in dem Zimmer gestanden. Hastig zog ich die

Träger wieder hoch. Mein Höschen nahm ich vom Boden und steckte meine Beine hindurch. Da kam die Bescherung auch schon. Das Blut lief meine Schenkelinnenseiten entlang. Ich erschrak. Was jetzt?? Sunny kam in dem Moment zurück ins Schlafzimmer. Er sah das Blut an meinen Schenkeln. „Warte, nicht bewegen!" Er bückte sich und leckte die Schenkel mit seiner Zunge. „Bist du ein Vampir?", fragte ich. Für einen Moment überlegte ich, ob ich aus den Geschichten nicht längst herausgewachsen war. Es gab doch gar keine Vampire. Oder doch? Als Sunny meine Oberschenkelinnenseiten bearbeitete, war ich mir da gar nicht mehr so sicher. „Was glaubst du", kleines Mädchen?" Sunny richtete sich auf, nachdem meine Schenkel blitzeblank sauber waren und er sah mich an. Auf meine Brüste sah er. Meine Hände hielt ich gekreuzt über dem Ausschnitt meines Kleids. Sunny sollte mir nicht dauernd auf meine Brüste gucken und mir sagen, dass ich in seinen Augen nur kleine Möpse hätte. Er nahm meine Hände beiseite. Die Träger hatten sich bereits wieder selbstständig gemacht und waren meine Schultern hinuntergerutscht. Dadurch, dass ich keinen BH mehr trug, hatte das Kleid den nötigen Halt verloren. Entblößt stand ich vor ihm. „Nimm deine Arme hinter den Kopf und spanne dein Kreuz einmal richtig an", befahl er. Ich tat, was er sagte. Angst stieg in mir auf. Aber gleichzeitig auch das Gefühl, dass meine Knospen hart wurden. Meine Brüste sehnten sich nach Berührung. Immer mehr richtete ich mich auf. Drückte meinen Busen nach vorne. Sunny berührte meine Brustwarze mit seinen Fingern. Er spuckte auf die Fingerspitzen und knetete meine Nillen. Erst langsam, dann mit Druck. „Ich darf eigentlich nicht an Frauenbrüsten spielen", sagte er.

Das verstand ich nicht. Ich hielt meinen Mund. Vielleicht hatte seine Mutter ihm das irgendwann einmal verboten, als er noch ein kleines Kind war, überlegte ich. „Das gefällt dir, nicht wahr, kleines Mädchen? Ich merke es daran, weil deine Brüste größer und spitz werden. Deine Brüste darf ich anfassen. Du bist keine Frau. Du bist ein Kind, Franzy!“ Je mehr Sunny an meinen Brüsten mit seinen geschickten Fingern spielte, desto mehr stieg in mir das Bedürfnis auf, dass er sie doch endlich lecken sollte. Bestimmt hatte er eine raue Zunge mit der er schön sanft meine Knospen umkreisen konnte. Je mehr ich daran dachte, desto mehr zuckte es in meiner Vagina. Das Gefühl stieg in mir auf…! „ Ja, bitte, lecke doch endlich meine Brüste, sinnierte ich. Und dann, dann brach es aus mir heraus: „Bitte, kannst du mit deiner Zunge meine Brüste lecken? Ich mag das sehr!“ „ Ohhhh, ohhhhh, jaaaaaa“, das kann ich tun, kleines Mädchen!“ Sunnys Zunge leckte meine Knospen in den scheinbaren Zustand, die Porzellantitten ähnlich waren. Steinhart waren sie, glaubte ich. Gleich würden sie bestimmt zerspringen. Mir gefiel das sehr. Ich bewegte meinen Oberkörper leicht. In seichte Schwingungen verfiel ich. Zwischendurch keimte in mir der Verdacht auf, dass ich bereits den ganzen Nachmittag lauter verbotene Dinge getan hatte. Nein, wirklich gut durfte ich mich nicht fühlen. Was tat ich hier eigentlich? „Franzy, denk an das Geld! Das Geld!“ Ich spürte, ich war dem Orgasmus sehr nahe. Plötzlich fühlte ich mich jedoch angewidert, meine Brüste von einem Toilettensklaven lecken zu lassen, der zuvor Blut aus meiner Scheide geschmatzt hatte. „Ich würde jetzt gerne gehen!“, sagte ich. Meine Arme nahm ich wieder vor meine Brüste. „Okay“, okay“ . Sunny ließ widerstandslos von

mir ab. „Geh ins Bad und zieh dich vernünftig an bitte! So kannst du hier wohl schlecht die Biege machen!“ „Bekomme ich mein Geld?“ Das war meine größte Sorge in dem Moment. Ich hatte einiges über mich ergehen lassen und das wollte ich gut bezahlt bekommen. „Jaja“, zieh dich erst mal an!“ Als ich mein Kleid irgendwie gerichtet, mir einen frischen Tampon eingeführt und meinen Pullover wieder übergezogen hatte, fühlte ich mich besser. Aber ich wollte nun zügig gehen. Sunny reichte mir 100 Mark. Wow, staunte ich. So viel Geld! Der Wahnsinn! „Ich brauche noch mehr! Für ein Pferd reicht das noch nicht! Darf ich bald wiederkommen?“ „Ich gebe dir die Termine durch! Und jetzt geh nach Hause, kleines Mädchen!“ Als ich mit meinem Fahrrad nach Hause fuhr, fühlte ich mich dreckig und beschmutzt. Was war passiert? Wie konnte es sein, sich für Geld so herabzulassen? Den wahren Tatbestand konnte ich nicht ermessen. Ich fühlte mich einfach nur dreckig in dem Gedanken, dass ein wildfremder Mann mit blutigem Mund an meinen Brüsten geleckt hatte. Nein, das hatte mir nichts gegeben, ich fand es eigentlich nur abartig. Auch wenn ich das Gefühl mochte, so wollte ich doch lieber einen Freund in meinem Alter haben. Und nein, Tampons lutschen fand ich nicht wirklich lustig, sondern eher gruselig. Allerdings war es wirklich so, dass ich alle 4 Wochen, wenn ich meine Menstruation hatte, zu Sunny ging, um meine Tampons von ihm lutschen zu lassen. Nur an meinen Brüsten ließ ich ihn nicht mehr nuckeln. Das machte ihm zum Glück nichts aus, dass ich da einen Riegel vorschob. Allerdings verlangte er von mir, dass ich ihm dabei zusah, wie er an den Tampons schmatzte. Eines Tages bot er mir viel Geld für eine besonders perverse Phantasie.

Einen „Sonderwunsch“, nannte er seine Neigung. Ein Freund von ihm sollte anwesend sein und ihn mit dem Vibrator befriedigen, während er meinen Tampon lutschte. Ich musste den beiden zusehen. Dazu sollte ich nackt sein und in der Ecke des Zimmers stehen. Für das Geld hatte ich es getan an dem Tag. Ich fand das nicht weiter schlimm. Sich nackt zu zeigen, war für mich kein Problem. Nackte Männer hatte ich zur Genüge gesehen in meinem Leben. Ja, für Geld tat ich, was Sunny von mir verlangte. Über beinahe 1,5 Jahre zogen sich unsere heimlichen Spielchen hin. Selbst als ich einen Freund hatte, besuchte ich Sunny regelmäßig alle vier Wochen. Weil ich das Geld brauchte und weil ich es haben wollte. Ich war süchtig danach, dass ich immer genügend Geld zur Verfügung hatte. In der Schule hatte ich schlagartig ganz viele Freunde und Freundinnen, als man dort bemerkte, dass ich mit Geld beinahe nur so um mich warf. In der Pause lief ich zum Bäcker und holte mehrere Tüten Bonbons für meine Mitschüler(innen). Ich war beliebt an der Schule. Weil ich Geld hatte. Meine Freundin konnte ich ins Kino einladen, in die Eisdiele, zum Pizzaessen und naja, ich hatte jeden Monat genug Geld zurückgelegt, weil ich immer noch auf mein eigenes Pferd sparte. Mittlerweile war ich eine gute Reiterin geworden, weil ich mir einmal die Woche eine Reitstunde leisten konnte. Sunny beendete unsere Geschichte irgendwann. Heute glaube ich, dass irgendjemand Verdacht geschöpft hatte. Wohlmöglich bekam er dadurch Probleme. Vielleicht hatte man ihn auch verhaftet, oder er war gestorben. Jedenfalls, als ich eines Tages wie verabredet vor seiner Tür stand, öffnete er mir nicht. Zu uns nach Hause kam er ebenfalls nicht mehr. Niemals hätte ich meine Mutter

gefragt, wo er abgeblieben war, der Toilettensklave. Sie hätte vielleicht eine Vermutung gehabt. Ihren Fragen, die daraus hätten resultieren können, wollte ich mich nicht stellen. Allerdings, eines wusste ich sicher. Ich brauchte Ersatz. Ersatz für Sunny. Dringend. Wenn ich meinen Lebensstandart auf dem Niveau halten wollte, brauchte ich jemanden in der Art, der mir, wie Sunny, um seine Phantasien ausleben zu dürfen, das Geld bezahlte.

Das gestaltete sich zunächst gar nicht einfach...

Ende Teil I

Nachwort

In Teil II werde ich über folgende Dinge berichten. Franzy braucht dringend Ersatz für den Toilettensklaven, damit sie an Geld kommt, um ihren Lebensstandard weiterhin auf dem Niveau finanzieren und halten zu können. Franzy wird schwanger mit nur 15 Jahren und gerät erstmals in den Sog der Drogen und ihrer eigenen Prostitution. Ein 15 jähriges Mädchen zwischen Drogen, Vergewaltigungen, Abtreibung und der Prostitution ihrer eigenen Mutter. Desweiteren wird Franzy näher auf ihre seelischen Qualen eingehen und ihr Empfinden beschreiben.

Bereits erschienene Bücher von Anais C. Miller

-Classic Star

-Charisma

-Brief an W

- Pferdeschicksale

-Querbeet

-Nicky, die wahre Geschichte

u. a.

Besucht mich auch unter

Facebook @ Sorgenkind, @ Charisma Pferdschicksal @ Anais. C. Miller Autorenseite, @ Victor. G. Punkt Reiter, @ Liebesbrief an Victor, @ Erotische Literatur von Elle Voyage, @ Brief an W. @ Vergessenes Kind

Und eines Tages wird nichts mehr sein wie es war. Außer die Geschichte, die wir schrieben, sie bleibt für die Ewigkeit...

Für Franzy:

„Wir ziehen das jetzt durch!" -Anais

30254772R00063

Printed in Poland
by Amazon Fulfillment
Poland Sp. z o.o., Wrocław